いちばんよくわかる
パターンレーベルの 子供服ソーイング
LESSON BOOK

片貝夕起
Yuuki Katagai

CONTENTS

Skirt

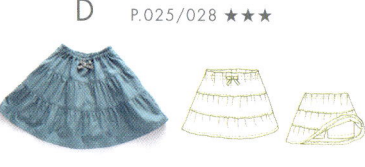
Pants

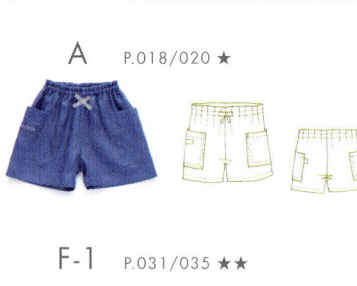
Smock, Camisole & One-piece

Shirt&Coat

J-1　P.060/062 ★★★

J-2　P.061/102 ★★★

K-1　P.064/066 ★★★★

K-2　P.065/070 ★★★★

L　P.072/074 ★★★★

Cut and Sewn

M-1　P.082/084 ★★

M-2　P.083/104 ★★

M-3　P.086/087 ★★

N-1　P.088/105 ★

N-2　P.089/090 ★

O　P.092/094 ★

P　P.093/106 ★★★

この本に関するご質問は、お電話またはWebで
書名／いちばんよくわかる パターンレーベルの子供服ソーイング LESSON BOOK
本のコード／NV70136
担当／佐伯
Tel：03-5261-5083（平日13：00～17：00 受付）
Ｗｅｂサイト「日本ヴォーグ社の本」http://book.nihonvogue.co.jp/
※サイト内〈お問い合わせ〉からお入りください。（終日受付）
（注）Webでのお問い合わせはパソコン専用となります。

作り始める前に

ソーイングの工程を
おさらいしましょう

道具や布の準備から型紙作り、布の下準備まで、ミシンで縫う前にもいろいろな工程があり、意外と手間がかかります。下準備が終われば、全工程の半分くらいは終わったも同然。あせらずに一歩一歩、作業を進めましょう！初心者の方はスカートやパンツなどパーツの少ない★印が 1 つ（目次で表記）のアイテムから始めましょう。たくさん縫っていくうちに、真っすぐ縫えない、きれいに仕上がらないなどのお悩みも解消されていくはずです。ぜひたくさんのお洋服を作って、ソーイングを楽しんでください♪

STEP 1 ➡ P.006　道具の準備

足りない道具はないか、お手持ちの裁縫道具をチェックしてみてください。
必要な道具類はすべてそろえてから始めましょう。

STEP 2 ➡ P.008　布選び

作りたい作品が決まったら、作り方ページの材料の用尺をチェック！
布だけでなく、接着芯やゴム、ボタンなど、必要なものをすべて用意します。

STEP 3 ➡ P.010　型紙作り

ここが意外と手間のかかるところ。
付録の実物大型紙を写し、縫い代つきの型紙を作ります。

STEP 4 ➡ P.011　裁断前の下準備

木綿や麻など水に浸けると縮む生地は
あらかじめ水通しをして縮ませておくのが基本です。

STEP 5 ➡ P.012　布を裁断し、ノッチ（合印）を入れる

作り方の裁ち方図を参考にして、布の上に型紙を配置して裁断します。
型紙をはずす前に、ノッチや合印も忘れずにつけましょう！

STEP 6 ➡ P.014　ミシン縫いの基本

縫う前には必ず端切れで試し縫いをします。
ミシン縫いのコツや布端の始末の仕方も参考にしてください。

お洋服の
パーツ名

ソーイングによく登場するお洋服のパーツ名をご紹介します。お洋服の各パーツは左右対称に作られているものが多く、布を外表に二つ折りにして半身のパーツを裁つと、左右対称のパーツが1度で裁断でき、袖などの左右対称のパーツは1度で2枚（左右分）裁つことができます。布を二つ折りしてとれない場合や、柄物などで1枚ずつとった方が良い場合などは、左右対称のパーツは型紙を反転して1枚ずつとりましょう。

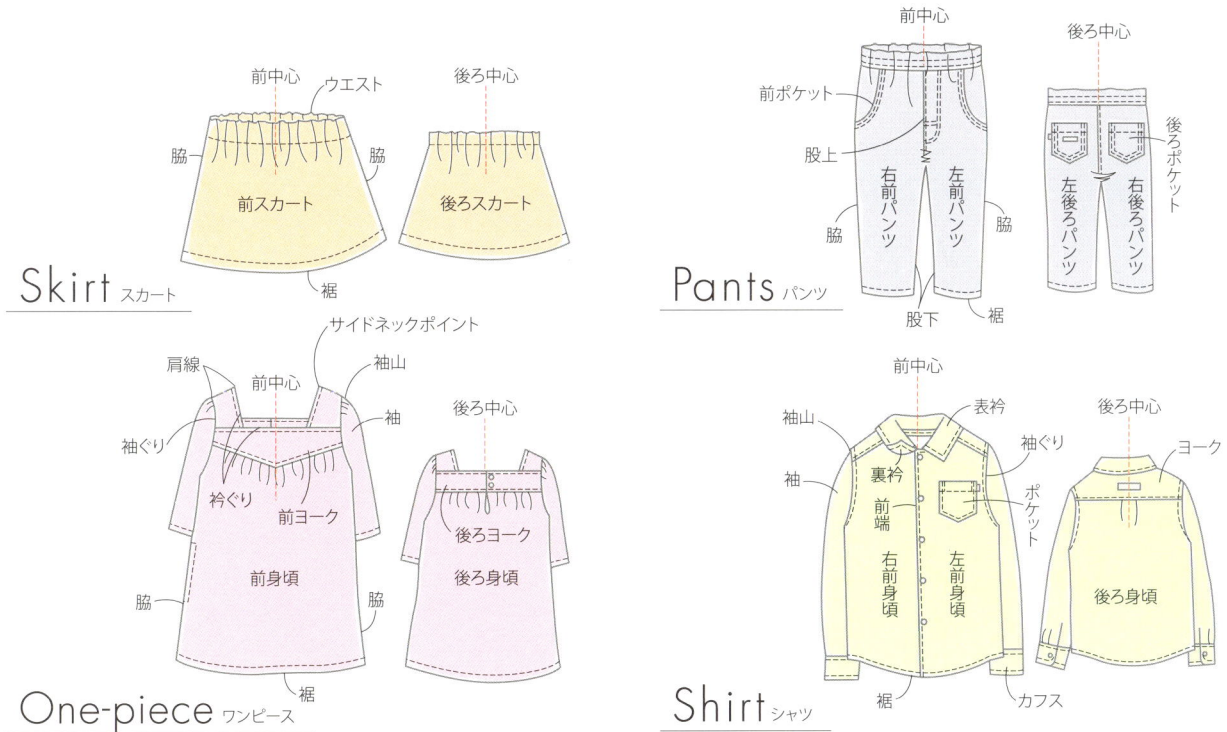

サイズ選びについて

本書では身長100・110・120・130cmサイズのお洋服のパターン（型紙）を掲載しています。各サイズのパターンは下記標準体型（ヌード寸法）を基準に作っています。基本的に身長・バスト・ヒップを元にサイズを選び、袖丈や着丈はお子さんに合わせて調節してください。簡単なサイズ補正の仕方は96ページでご紹介しています。

基準サイズ表（単位：cm）

サイズ	月年齢	身長	バスト	ウエスト	ヒップ	肩幅	背丈	袖丈（長）	裄丈	股上	股下	頭回り	体重
100	3〜4歳	95〜105	56	51	57	27	26	33	46	19	38	50	16.8
110	5〜6歳	105〜115	57	54	64	29	28	38	52	20	43	52	20.3
120	7〜8歳	115〜125	61	56	66	31	30	40	55	21	48	53	24.8
130	9〜10歳	125〜135	65	60	71	34	33	43	60	22	53	53	30.6

※モデルの女の子（6歳）は身長114cm、男の子（5歳）は身長106cmで、ともに110cmサイズを着用しています。

道具の準備

用具協力／
☆＝クロバー（株）
★＝蛇の目ミシン工業（株）

パターン（型紙）作りに必要な道具

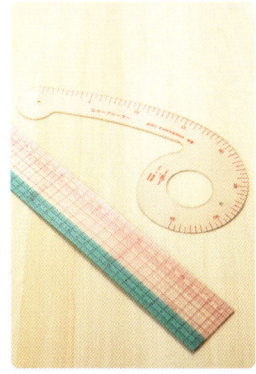

定規☆＆カーブルーラー

方眼目盛り入りの定規は縫い代をつける時に便利。30cmと50cmの両方あると良い。カーブルーラーは衿ぐりや袖ぐりを写す時に。

重し☆

実物大型紙の上にハトロン紙を置き、パターンを写す時に紙がずれないように固定するための重し（ウエイト）。丸型のものもある。

シャープペン＆蛍光ペン

蛍光ペンは実物大型紙の写したい線をマークするために。シャープペンは実物大型紙を写す時に使用。0.4mm タイプがおすすめ。

ハトロン紙☆

ほどよく透ける大判の丈夫な紙で、実物大型紙を写して切りとり、型紙にする。無地のものや方眼入りタイプなどがある。

紙用はさみ＆カッター

ハトロン紙に写した型紙を切りとる時には文具用はさみを使用。長い直線ラインはカッターと定規を利用しても。

アイロンまわりで使う道具

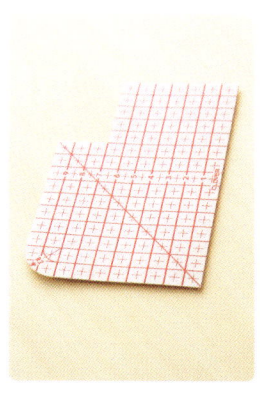

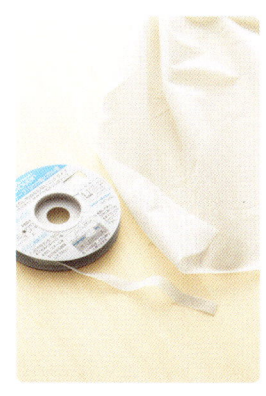

アイロン

縫い代を倒したり、形を整えたり、接着芯を貼る時に使用。小さなパーツや部分的に使える小さなアイロンもあると便利。

きり吹き＆あて布

接着芯を貼る時や布のシワをとる時に使用。あて布は布のテカリや傷み防止に、接着芯ののり付着防止にトレーシングペーパーもあると良い。

テープメーカー☆

バイアス布の両方の縫い代を同時に折ることができる道具。市販の両折タイプのバイアステープを利用しても可。

アイロン定規☆

縫い代の折り目をはかりながらアイロンがかけられる方眼入りの耐熱性定規。はがきサイズ大の厚紙で手作りしても良い。

接着芯＆伸び止めテープ☆

布の裏面にアイロンで接着し、生地の伸び止めや補強などに。伸び止めテープは幅10mm を縫い代幅に合わせて使用（P79 参照）。

はさみ☆

布の裁断用、小回りの利くカットワーク用、糸切り用を用途に合わせて使い分けると便利。紙用のはさみとは区別して使用。

ロータリーカッター＆カッターマット☆

細長いパーツの裁断や薄地の布、ニット地などの裁断に便利。カッターマットは大判が使いやすい。

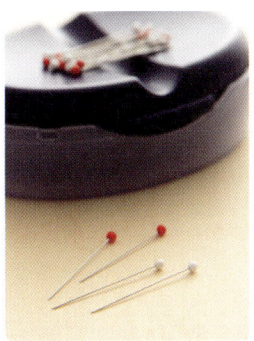

まち針＆ピンクッション☆

仮止め用の針。薄地用の極細タイプで、長さ35mm程度のものが使いやすい。

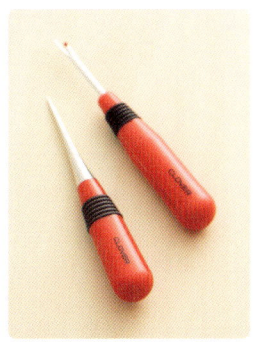

目打ち＆リッパー☆

目打ちは印つけや、ミシン縫いの布送り、袋物の角を整える時に。リッパーは縫い目をほどく時に。

ルレット、チャコペーパー☆＆チャコペン

布に印を写す時にチャコペーパーとルレットをセットで使用（P12参照）。チャコペンは鉛筆タイプがおすすめ。

しつけ糸＆しつけ針☆

縫いずれなどが心配な部分をあらかじめ仮縫いするための糸と針。

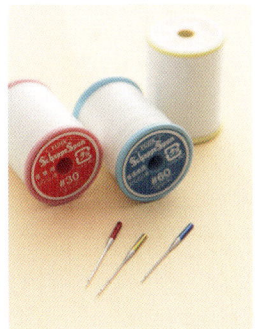

ミシン糸＆ミシン針

ミシン用の糸と針は布地の厚みに応じて使い分け、上糸と下糸は同じ糸を使うのがベスト（P14参照）。

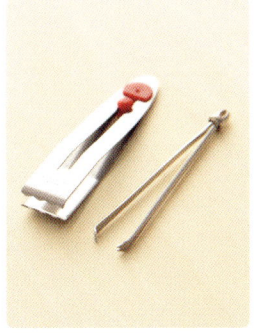

ゴム通し☆

ゴムやひもの先をはさんで固定し、反対側の先から通して使用。ウエスト用の広幅のゴムには写真左のタイプがおすすめ。

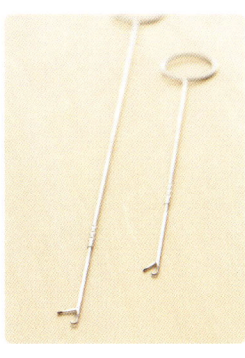

ループ返し☆

ひもやループなど細長く中表に縫ったものを表に返す時に使用。作品I-1・2の後ろあきのボタン用ループにこれを利用し共布で作っても。

布用スティックのり＆ほつれ止めのピケ

布用スティックのりは針通りもスムーズで縫い代の仮止めに便利。ピケはリボンの裁ち端やボタンホールのほつれ止めに。

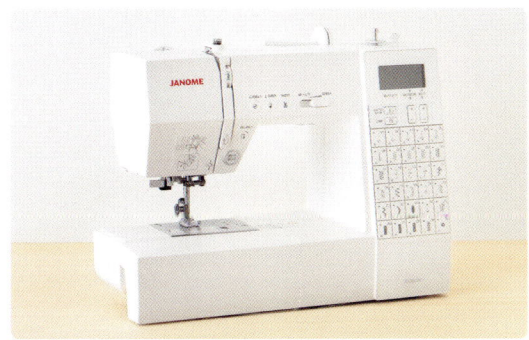

家庭用ミシン★

直線縫いとジグザグミシン、ボタンホール縫いができればOK。初心者さんには自動糸調子と自動糸切機能つきがおすすめ。

あると便利な押さえ金

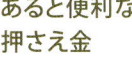

三巻押さえ★

三巻縫いが一度に作れる優れもの（直線縫いで作る方法はP16・51で紹介）。

ステッチ定規★

針からの距離を好みの位置に設定し、このガイドに布端を沿わせながら縫う。

テフロン押さえ★

ラミネート生地など縫いにくい素材の布送りがスムーズになる押さえ。布帛やニット地にもおすすめ。

マグネット定規

用途は上記と同じで針板の上にマグネットで固定して使用するタイプ。

STEP 2
布選び

この本の作品に使用した布をご紹介します。子供服にはコットンやリネンなどの天然素材が向いています。初心者の方には薄すぎず厚すぎないブロードなどが縫いやすくておすすめです。またチェックやストライプ、大柄の布などは柄合わせが必要になるため、裁断時にも縫製時にもちょっと難しくなります。小柄は無地感覚で使えるので柄合わせの必要はありません。お子さんの好きな色や柄を一緒に選んでもいいですね。

シャツ、ブラウス、ワンピースなどに…

作品 K-1 (P.64)

作品 K-2 (P.65)
※見返しに使用

作品 B (P.18)

作品 D (P.25)

ブロード

平織りの普通地。目が詰まっていて、滑らかな手触りと光沢感のあるシャツ地の定番。ブラウスやスカート、ワンピースなどにも。

ローン

薄手の平織り生地。上質でサラッとした肌触りと適度な張りのある、お洋服の定番生地。

作品 K-2 (P.65)

作品 H-2 (P.49)

シャンブレー

たて糸に色糸、よこ糸に白糸を用いた霜降りのような風合いが特徴の薄手でつやのある平織り生地。

女の子アイテムに…

作品 J-2 (P.61)

作品 H-1 (P.48)

作品 G-3 (P.46)

リバティプリント

女の子アイテムに欠かせない人気の花柄布。絹のようなつやと独特なしなやかさ、柔らかな風合いが特徴の上質の綿ローン。

ボイル

薄手で透け感とシャリ感のある夏向きの平織り生地。ドットの刺しゅう入りタイプは女の子のワンピースやブラウスにぴったり。

作品 G-2 (P.43)

(P.93 スカート)

レース地

ローンにかわいい小花の刺しゅうがほどこされたレース地。スカートにする場合はペチコートやインナーパンツを合わせて。

作品 E-2 (P.37)

作品 A (P.18)

作品 I-2 (P.53)

カラーリネン

亜麻（リネン）を素材にした吸水性と速乾性に優れた丈夫な布。柔らかくて肌にも優しく、ざっくりとした風合いも人気。色のバリエーションも豊富。

チェックとストライプ柄のリネン

女の子にも男の子にも使える定番柄。お洋服には細めの糸を使った薄手で丈夫なものがおすすめ。素材はもちろんコットンでも。

作品 G-1 (P.42)　　　　　　作品 I-1 (P.52)

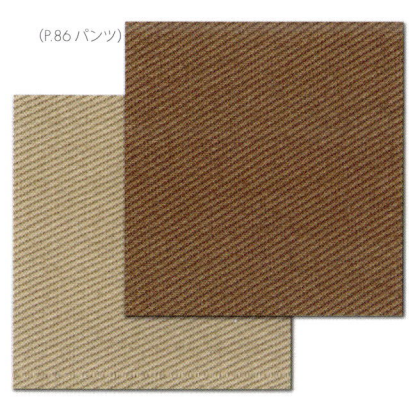

(P.86 パンツ)

作品 E-1 (P.30)

カラーツイル

たて糸とよこ糸を交差させて織られた綾織りの布。デニムのように細い畝が斜めに入るのが特徴。伸縮性に優れ、丈夫なのでパンツにおすすめ。

作品 F-1 (P.31)　　**チェック柄のコットン**

作品 F-2 (P.36)　　**しっかりめのコットン**

コットン

木綿（もめん）の布。吸水性に優れ、丈夫で肌触りも良いので子供服におすすめの素材。ボトムスには中肉からやや厚手のものを。

作品 C (P.24)

コーデュロイ

縦方向に入った細い畝が特徴の、保温性に優れた秋冬向きの生地。毛並の方向があり、上から下向き（順毛↓）に布目の矢印を合わせる。

STEP 3
型紙作り

付録の実物大型紙をハトロン紙に写し、さらに縫い代をつけてから文具用はさみで切りとり、型紙を作ります。型紙に記載されいているパーツ名や合印、記号などもすべて写しましょう。

実物大型紙のラインを写す

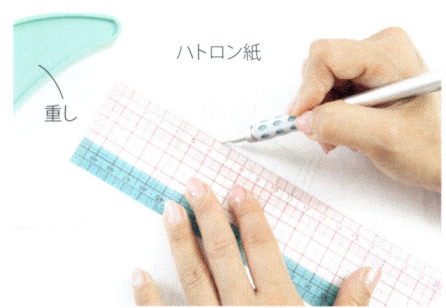

ハトロン紙
重し

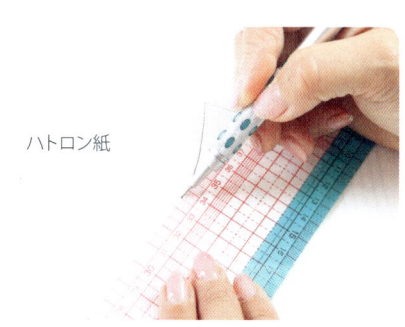

ハトロン紙

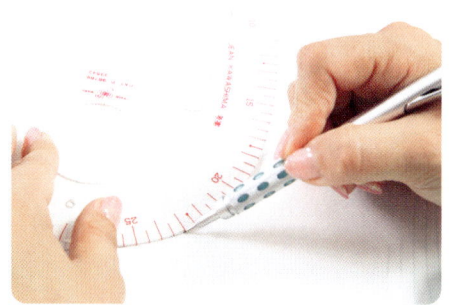

実物大型紙（蛍光ペンで角などを部分的にマークしておくと良い）の上にハトロン紙を重ね、重しで固定してから定規とシャープペンででき上がり線を写す。

衿ぐりや袖ぐりのカーブは定規を細かく動かしながら線を結ぶ。

カーブラインを写す際には専用のカーブルーラーを使うのもおすすめ。

縫い代をつける

※縫い代幅は作り方ページの裁ち方図を参照

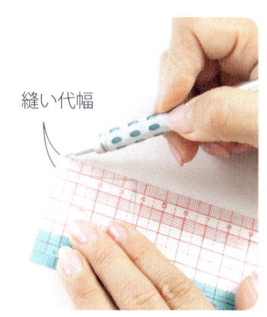

縫い代幅

縫い代幅

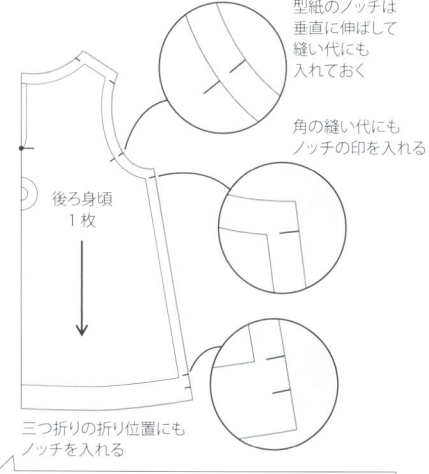

後ろ身頃
1枚

型紙のノッチは垂直に伸ばして縫い代にも入れておく

角の縫い代にもノッチの印を入れる

三つ折りの折り位置にもノッチを入れる

でき上がり線と平行に縫い代幅をはかって印をつける。カーブは上記と同様に定規を細かく動かして。

直線ラインは定規の方眼目盛りを利用して、でき上がり線と平行に縫い代をつける。

ノッチとは縫い代に 0.2〜0.3cm の切り込みを入れる合印のこと（P12 参照）。

裾や袖口の縫い代のつけ方

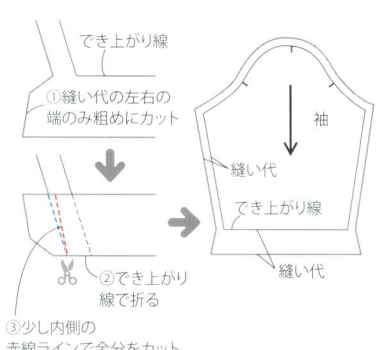

でき上がり線
①縫い代の左右の端のみ粗めにカット
②でき上がり線で折る
③少し内側の赤線ラインで余分をカット

袖
縫い代
でき上がり線
縫い代

型紙の記号もすべて写しましょう

──────── でき上がり線※注1

◄──────── 布目線※注2

────⌒──── わ（布を二つ折りにした折り山を合わせる線）

〜〜〜〜〜〜〜 ギャザー

◄────────► 矢印方向に伸ばす

ギャザー止まり

┬ 合印（ノッチを入れる）

●─── 合印（目打ちかチャコペンで印つけ）

A' A A'　　A A'　タック（斜線の高い方から低い方に折る）

A'　A'　A'　A'

※注1：本書の型紙ではサイズ毎にでき上がり線の線種を変えています。
※注2：生地に柄や毛並の方向がある場合は型紙の矢印の向きを一方方向にそろえて配置しましょう。

STEP 4
裁断前の下準備

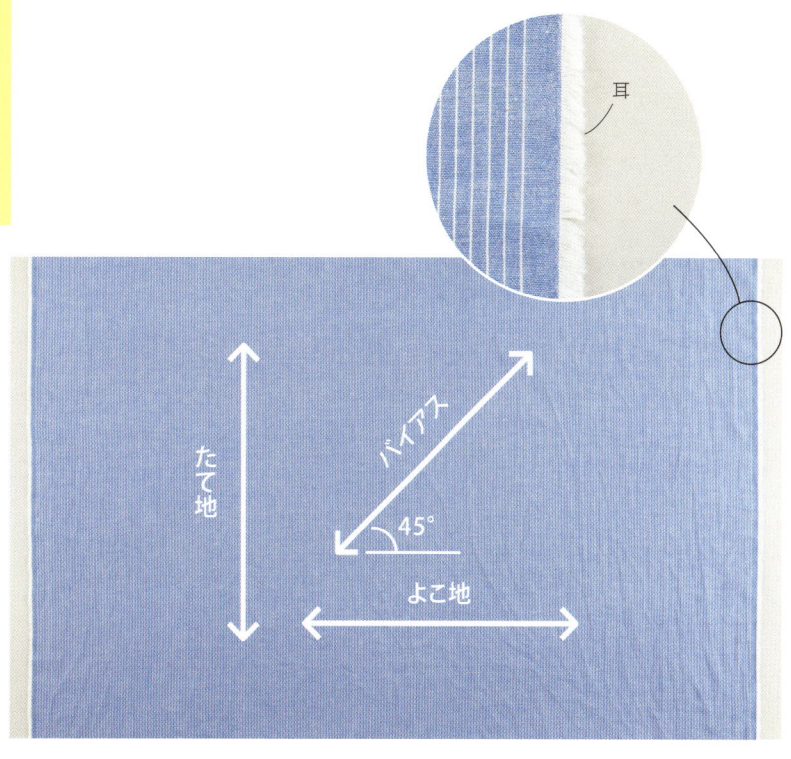

耳

たて地 / よこ地 / バイアス / 45°

布目のことを知っておこう!

布目とは布の織り目の方向のこと。布の両端を "耳" と呼び、耳に対して平行なのが「たて地」、垂直なのが「よこ地」です。布は "たて地" 方向が一番伸びにくく、裁ち方図や型紙中に表記されている布目の矢印に、布のたて地を合わせます。一方、布目に対して 45 度の「バイアス」はよく伸びるため、フリルや衿ぐり、袖ぐり布などのカーブと縫い合わせるパーツはバイアスでとる方がきれいに馴染みよくつけることができます。

水通し

木綿や麻など水に浸けると縮む生地は、あらかじめ水通しをして縮ませておきます。簡単な水通しの方法は、洗濯ネットに生地を入れ、洗剤なしで洗濯機で洗うか、一晩水に浸けて軽く脱水し、形を整えて半乾きまで影干しし、布目を垂直方向に整えながらアイロンをかけます。

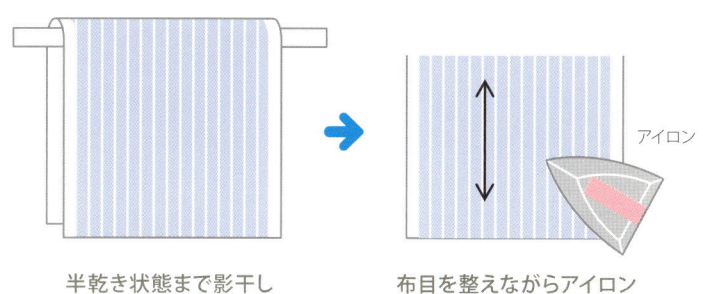

アイロン

半乾き状態まで影干し　　布目を整えながらアイロン

接着芯の貼り方

※前立てなど部分的に貼る場合は型紙を利用して必要な大きさに接着芯をカットしてから 2・3 と同様に貼る。
伸び止めテープは各パーツを断裁後、縫い代部分の裏に貼る。（P79 参照）

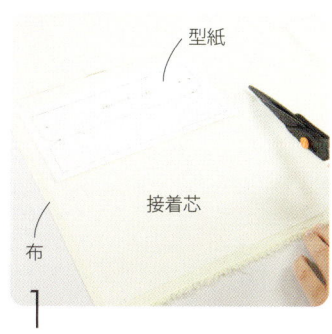

型紙 / 接着芯 / 布

1
布に接着芯を重ね、型紙が十分入る大きさに粗裁ちする（写真はカフス2枚分をカットしているところ）。

接着芯 / 布（裏）

2
布の裏面に接着芯ののり面を合わせ、軽く霧吹きをしておくと熱が伝わりやすく接着しやすくなる。

薄紙

3
2の上にトレーシングペーパーなどの薄紙をかぶせてドライアイロンで接着させる。アイロンの温度は布に合わせる。

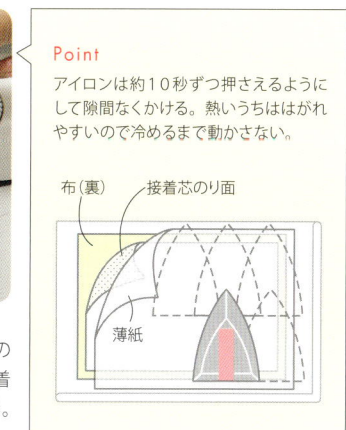

Point
アイロンは約10秒ずつ押さえるようにして隙間なくかける。熱いうちははがれやすいので冷めるまで動かさない。

布（裏） / 接着芯のり面 / 薄紙

STEP 5
布を裁断し、ノッチ（合印）を入れる

裁ち方図を参照して布の上に型紙を配置し、すべてのパーツが入ることを確認してから型紙をまち針で止めて裁断します。

型紙を布の上に重ねてまち針で止める

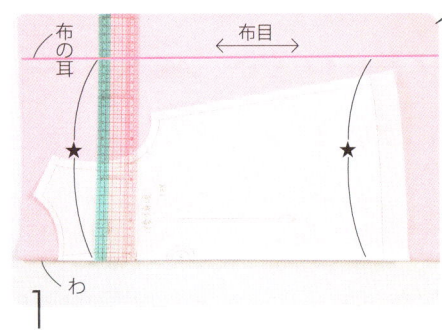

1
布を折る時は布の耳が布目と平行になるよう定規ではかると良い（★印）。型紙の "わ" のラインは布の折山に合わせる。

Point 布の表面に型紙を配置する

この矢印を布目に合わせる

2
バイアス方向でとるフリルや衿ぐり・袖ぐり布などは、型紙の布目の矢印を布目に合わせる。

まち針は布を傷めないよう、できるだけ縫い代の内側に止めると良い。

3
型紙のすべてのパーツが入ることを確認してから型紙をまち針で止める。

布を裁断する

1
はさみは布に対して垂直に、布を持ち上げないようにしながらカットする。

2
衿ぐりなどのカーブはカットした部分をめくりながら裁断すると良い。

3
ロータリーカッターも慣れると素早く正確にカットできる。

4
布が裁断できたところ。ノッチ（合印）を入れるまでは型紙ははずさない。

ノッチ（合印）を入れる

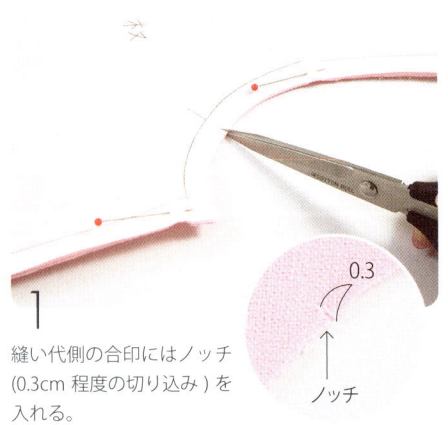

1
縫い代側の合印にはノッチ（0.3cm 程度の切り込み）を入れる。

0.3
↑
ノッチ

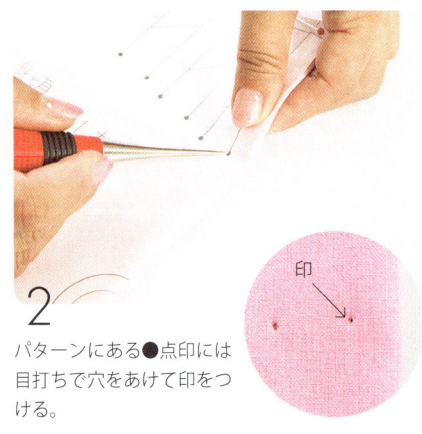

2
パターンにある●点印には目打ちで穴をあけて印をつける。

印

3
縫うラインが分かりづらい内側の曲線などは、布と型紙の間にチャコペーパーをはさみ、ルレットで印をつける。

布（裏）

型紙の配置の仕方

作り方ページに記載の裁ち方図を参照して、布の上にパターンを配置します。柄合わせが必要な布の場合、通常の用尺プラス 10〜20％多めに生地を用意しましょう。

※本書の裁ち方図では130cmサイズの配置例をご紹介しています。他のサイズの場合は少しスペースを詰めて配置できる場合があります。

基本の配置

図の①〜⑤の順に、大きなパーツや長めのパーツを先に配置し、残ったスペースに小さなパーツを配置する。

例えば①②を裁断した後に、布の折り方を変えて残りの③〜⑤を裁っても良い。ただし、裁つ前に全てのパーツが入るか（裁てるか）を確認することが大切！

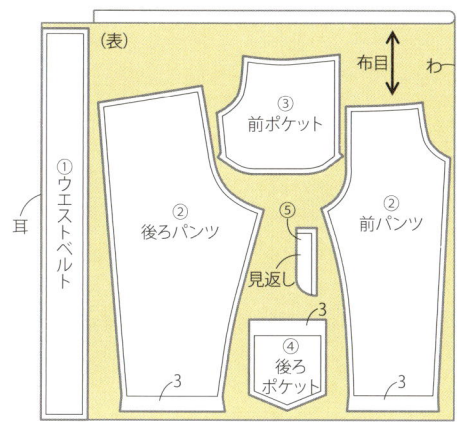

柄合わせの仕方 ＊トップスの場合

脇の交点を結ぶ横のライン（図の赤ライン）に布柄がそろうように合わせる。

下図ではちょうど布の生成りラインに赤のラインが一直線になるよう、柄を合わせて配置しているところ。

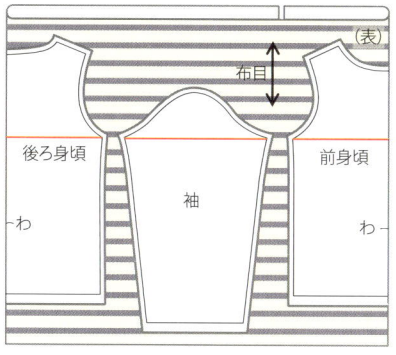

柄合わせの仕方 ＊パンツの場合

1 パンツの柄合わせの基本は前・後ろパンツの裾を合わせる。

2 チェック柄の縦のラインは、目立つ太い線が前・後ろパンツで均等に入るように配置する。図の例では太い線が縦に2本ずつ入っている。

3 アウトポケット（外ポケット）の柄もパンツにぴったり合わせたい場合は、パンツの型紙のポケット位置に布柄の目安となる大きなライン（縦と横）を写す。

4 3のラインをポケットの型紙に写せば、ポケットを配置する時に柄が合わせやすくなる。

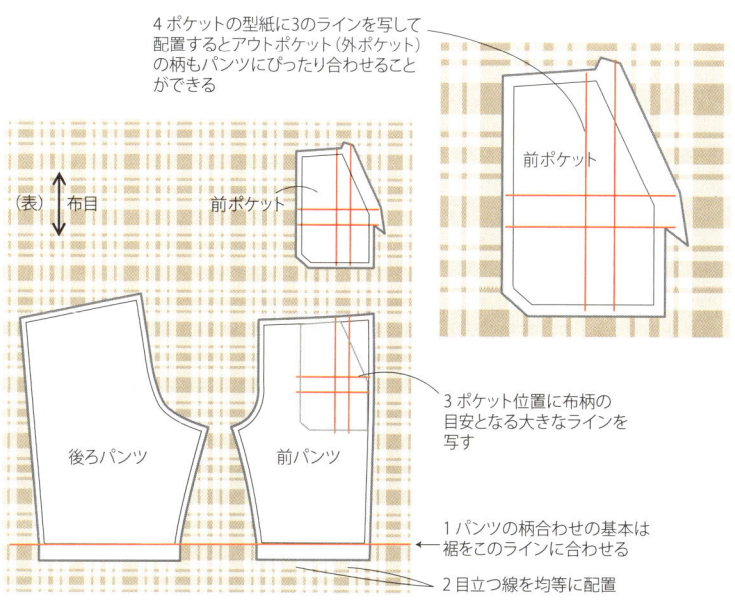

4 ポケットの型紙に3のラインを写して配置するとアウトポケット（外ポケット）の柄もパンツにぴったり合わせることができる

3 ポケット位置に布柄の目安となる大きなラインを写す

1 パンツの柄合わせの基本は裾をこのラインに合わせる

2 目立つ線を均等に配置

ミシン縫いの基本

ミシンの糸調子

水平釜タイプの家庭用ミシンは上糸のみで糸調子を調節します。上糸調子ダイヤルは数字を小さくすると弱く、大きくすると強くなります。

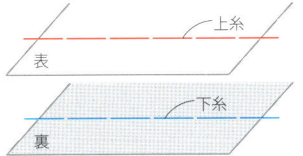

正しい糸調子
上糸と下糸が布のちょうど間で交わっている状態。

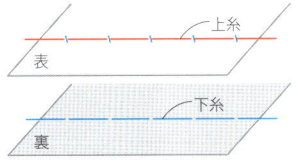

上糸が強い
表から下糸が見える状態。上糸を弱くする。

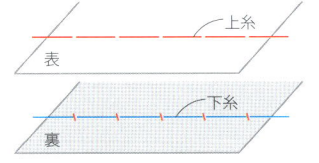

上糸が弱い
裏から上糸が見える状態。上糸を強くする。

縫い目の長さについて
直線縫いの場合は 2.6mm 前後、ジグザグミシンの場合は 2mm 程度、振り幅は 4mm 程度がおすすめです。縫う前には同じ布を同程度の厚みにして必ず試し縫いをしましょう。

ミシン糸とミシン針

使用する布の厚みに合わせて、糸と針の番手を使い分けましょう。

	布の種類	ミシン糸	ミシン針
薄地	ローン　ボイル　ガーゼ	90 番（ポリエステル糸）	7 番　9 番
普通地	ブロード　シーチング　リネン	60 番（ポリエステル糸）	9 番　11 番
厚地	ツイル　デニム　コーデュロイ	30 番（ポリエステル糸）	11 番　14 番

ステッチの色と太さについて
普通地を使用する場合でも、ステッチの色を目立たせたい場合は 30 番のミシン糸を使ってみましょう。さらに目立たせたい場合は目立つ色の 30 番を。縫い目に自信のない方は生地と同色の 60 番をおすすめします。

ミシンの目盛りを利用して縫う

でき上がり線は特に引かずに、ミシンの針板の目盛りを利用し布端をそろえて縫えば、縫い代を一定幅で縫うことができます。針板に目盛りが無い場合や分かりにくい場合は針からの距離を定規ではかり、テープで目印をつけましょう。

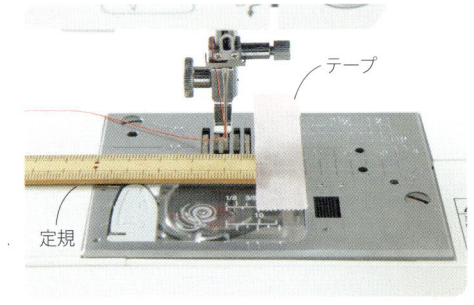

テープ

定規

布の折り方・合わせ方

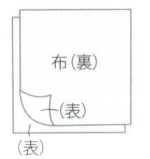

中表
布の表面同士を合わせること。

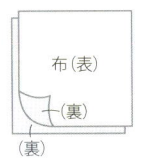

外表
布の裏面同士を合わせること。

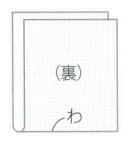

わ
布を二つ折りにする線（折山）。

縫い代の倒し方

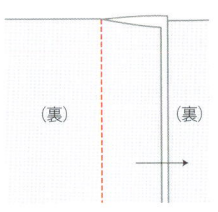

片返し（片倒し）
縫い代を 2 枚一緒にどちらか一方向に倒すこと。

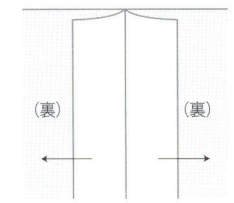

割る
縫い代を両方向に開くこと。

まち針の打ち方

針先で布を 0.2～0.3cm ほどすくって止めるとずれにくい。

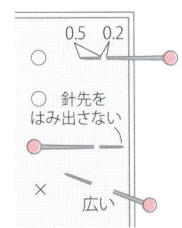

0.5　0.2

針先をはみ出さない

広い

返し縫いと重ね縫い

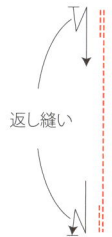

返し縫い

縫い始めと縫い終わりは基本的に 3〜4 針返し縫いをします。

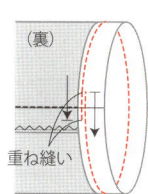

重ね縫い

袖口や裾など、縫い終わりが縫い始めに重なるラインの場合、返し縫いはせずに、縫い始めと縫い終わりのステッチを 1.5 ㎝ ほど重ねて縫います。

コバステッチとは？

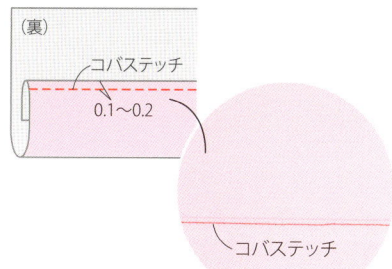

布端や縫い代などの折山にかける端ミシンの中でも、特に 0.1〜0.2cm ほどのギリギリのところにかけるステッチを "コバステッチ" と呼びます。幅 0.3cm 以上の間隔があるものは、ただの "ミシンステッチ" "ステッチ" "0.5 幅ステッチ" などと表記しています。

縫う前にまとめてアイロン処理

三つ折りなどのアイロンがけは、縫う前の平たい状態の時に折り目をつけておくと、後の工程が楽になります。縫い代幅に合わせてアイロンで折り目がつけられるアイロン定規を使うのがおすすめです。

三つ折りの場合

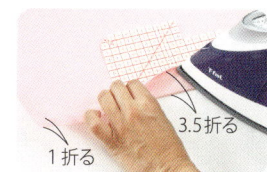

内側に隠れる縫い代（写真では 1 ㎝）を先に、次に折り代幅（写真では 3.5 ㎝）をアイロン定規を利用して折り目をつける。

完全三つ折りの場合

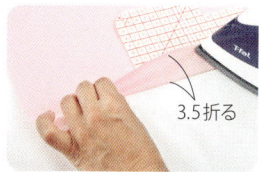

1 でき上がり線で縫い代（写真では 3.5 ㎝）を二つ折りにする。

2 1 の折り目に布端を合わせて半分にすると 3.5 ㎝ の半分（約1.75 ㎝）の完全三つ折りができる。

ミシン縫いのコツいろいろ

縦に長い距離は前後にひっぱりながら縫うと良い。

ギャザー寄せのひだを整えながら縫ったり、針の際まで布送りをしたい場合などは目打ちを活用！

縫い始めに段差がある場合は、押さえ金が水平になるよう、奥に同じ厚みの捨て布（不要な布）をはさみ、捨て布から続けて縫い始める。間の糸は後でカットする。

角では一旦針を止め、針を刺したまま押さえ金を上げて方向転換をする。

筒状のものは内側を見ながら縫う。

縫い合わせた布を開いて折山の際にコバステッチを入れる場合、左右に開きながらかけると良い。

布端の始末の仕方いろいろ

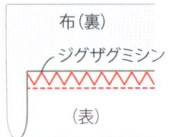

二つ折り
布端を1回折る（布端はジグザグミシンで始末）。

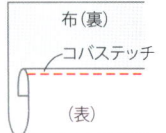

三つ折り
布端が内側に隠れるように2回折る。

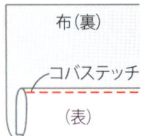

完全三つ折り
三つ折りの一種で縫い代をちょうど半分に同じ幅で2回折る。

三巻縫い　フリルの端の始末におすすめ。

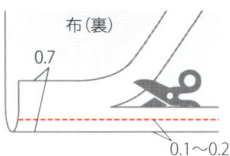

1 二つ折りしてコバステッチをかけ、余分な縫い代をカットする。

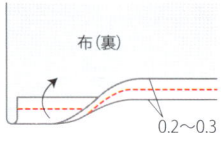

2 さらに 0.2〜0.3cm 幅で折り上げ三つ折りにする。

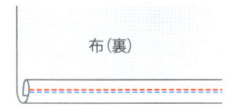

3 1の縫い目の真上を裏から縫う。表からは3の縫い目だけ見える。

ジグザグミシン

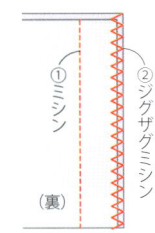

中表に縫い、縫い代端をジグザグミシンで始末する。

1 布端が巻き込まれて縫いにくい場合は、少し内側にジグザグミシンをかける。

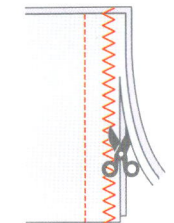

2 余分な縫い代をカットする。ジグザグミシンの糸を切らないように注意する。

バイアス始末（表からバイアス布が見える）

バイアス布で布端をくるんで始末する方法で、
表からも裏からもバイアス布が見える。
今回は作品 K-1・K-2 の袖口のあき口をこの方法で始末。

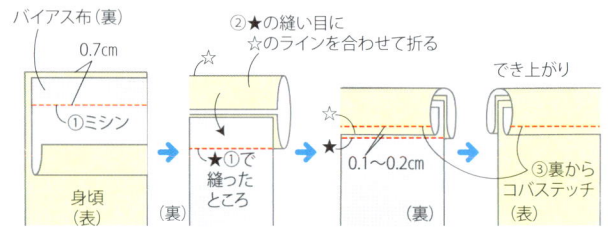

折り伏せ縫い

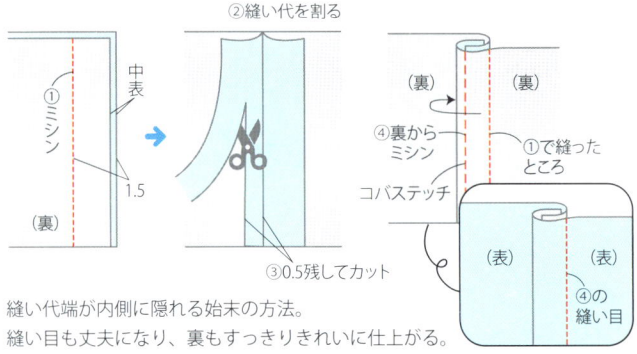

縫い代端が内側に隠れる始末の方法。
縫い目も丈夫になり、裏もすっきりきれいに仕上がる。

裏バイアス始末（表からバイアス布が見えない）

衿ぐりや袖口の始末に使用。
表からはバイアス布は見えない始末の方法で、
プリント柄などの別布をアクセントに使ったり、
市販のテープを利用してもOK。

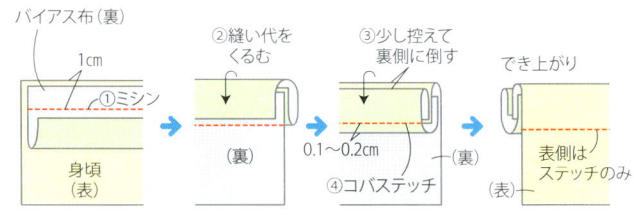

袋縫い

布端が内側に隠れる簡単な始末の方法。
ほつれやすい布や薄地の布端の始末におすすめ。

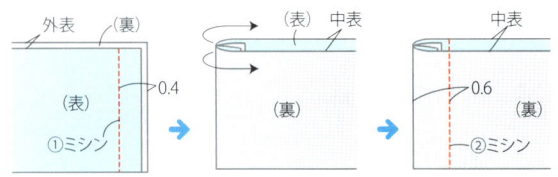

バイアス布の接ぎ方

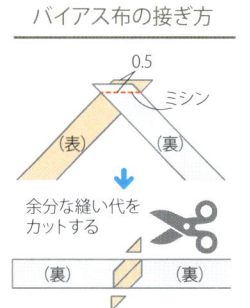

Point
テープメーカーを利用し、あらかじめ縫い代を折っておくと便利！

Skirt & Pants

Skirt & Pants

A
ショートパンツ

少ないパーツで作れる基本のショートパンツ。

大きなポケットがデザインのアクセントです。

前後が分かりやすいように前パンツにはリボンの目印をつけて。

脇の縫い目がないのであっという間に完成します。

パンツ作りが初めての方におすすめ。

普通地ぐらいの布地が向いています。

How to make P.20 (Lesson1)

※男の子用シャツは作品J-1（P60）のパターンを使用

Skirt & Pants

B
ギャザースカート

薄手の布地で作るギャザーたっぷりの簡単ゴムスカート。

シャツをインしても可愛く着こなせるように

ウエスト部分は広幅のゴムを入れて仕立てます。

縫い代始末はジグザグミシンが不要で、

直線縫いだけでできる折り伏せ縫いで始末。

丈夫なだけでなく裏側もきれいに仕上がります。

How to make P.22 (Lesson2)

Lesson 1

A

ショートパンツ

（P.18） 実物大型紙 A 面

材料

※用尺は左から 100/110/120/130cm サイズ
表布（ブルーのリネン）110cm 幅 ×50/60/65/70cm
平ゴム（8 コール）…40/43/46/49cm を 2 本
幅 1cm リボン（前目印用）…22cm（共通）

縫い方順序

1 布を裁断し、縫い代のアイロン処理をする
2 ポケットをつける
3 股上を縫う
4 股下を縫う
5 ウエストと裾の始末
6 リボンをつけてゴムを通す

裁ち方図

※布の表面に型紙を配置して裁断する
※指定以外の縫い代は 1cm
※用尺は上から 100/110/120/130

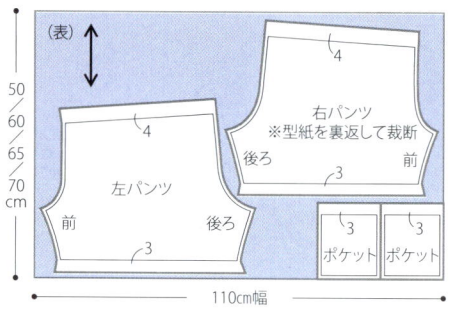

---

1 布を裁断し、縫い代のアイロン処理をする

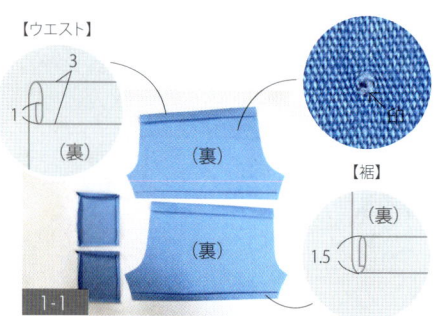

型紙の周囲に縫い代をつけて布を裁ち、ポケットつけ位置を目打ちで印つけしてから、ウエストと裾の縫い代にアイロンで三つ折りの折り目をつける。

ポケットの縫い代は①～③の順に 1cm 折り、④でポケット口の角を少し内側に折り込み、⑤で 2cm 折る。

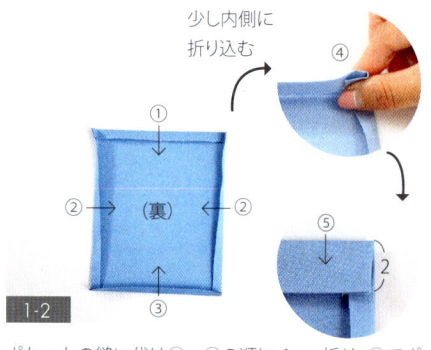

2 ポケットをつける

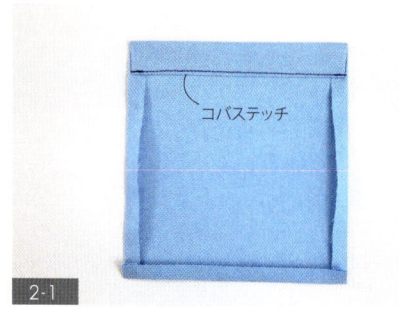

三つ折りしたポケット口の縫い代にコバステッチをかける（お好みでタグを縫いつける）。

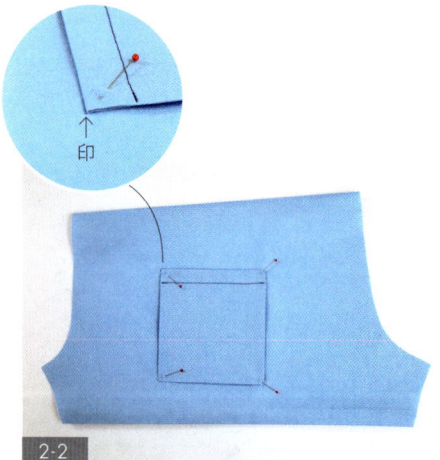

目打ちでつけた印に合わせて、ポケットをまち針で止める（お好みでピスネームをはさむ）。

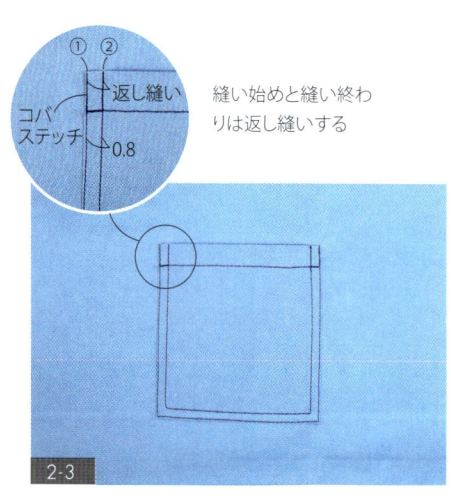

先にポケットの折山の際をコバステッチで押さえ、さらに内側 0.8cm のところにステッチをかける（ダブルステッチ）。

3 股上を縫う

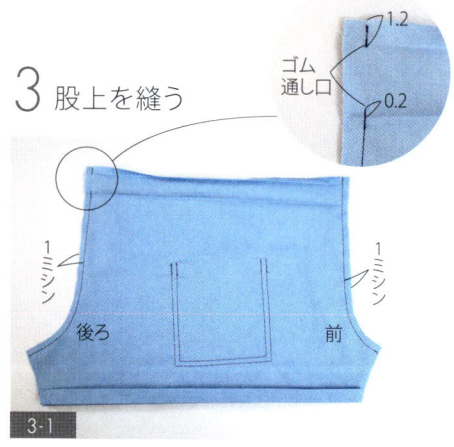

左・右パンツを中表に合わせて、前側の股上を縫う。後ろ側の股上はゴム通し口をあけて縫う。

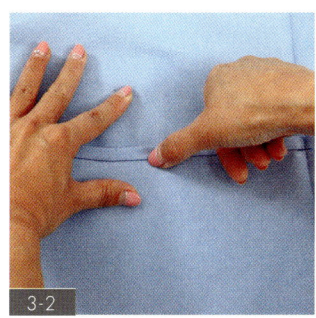

3-2

股上の縫い代を手ぐしで片返しにする。前側の縫い代は左パンツ側に、後ろ側の縫い代は右パンツ側に倒す。

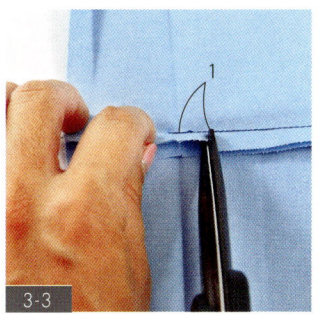

3-3

ゴム通し口の 1cm 下で縫い代に切り込みを入れる（縫い目の 0.1cm 手前まで）。

3-4

ゴム通し口の縫い代を割る。

3-5

股上の縫い代を 2 枚一緒にジグザグミシンをかけて始末する（ゴム通し口の両側は 1 枚になる）。

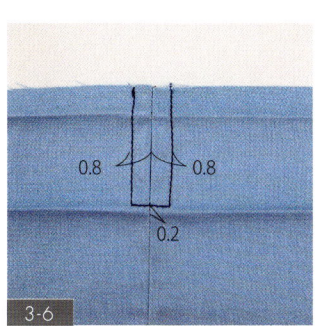

3-6

ゴム通し口の周りにミシンステッチをかける。

4 股下を縫う

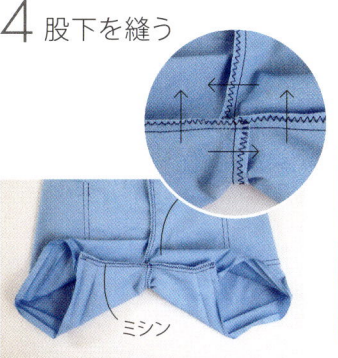

前・後ろの股下を中表に合わせ（交点の縫い代は互い違いに倒す）一方の裾から反対側の裾まで続けて縫う。縫い代は 2 枚一緒にジグザグミシンで始末し、前パンツ側に片返しにする。

5 ウエストと裾の始末

5-1

ウエストや裾など、筒状の部分の三つ折り縫いは、パンツを表に返して内側から縫う。

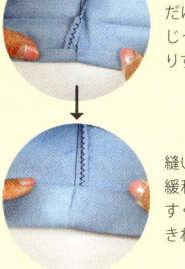
5-2

ウエストと裾の三つ折りの際にそれぞれコバステッチをかけ、ウエストはさらに真ん中のところにミシンステッチをかける。

6 リボンをつけてゴムを通す

6-1

リボンの両端にほつれ止めのピケをつけ、Mの字状に持つ。

6-2

右のループを左上にクロスさせて奥に倒し、輪の中を通して結ぶ。

6-3

パンツの前側に結んだリボンを縫い止め、ウエストに平ゴムを 2 本通す（P.27 参照）。

Lesson2

B
ギャザースカート

（P.18） 実物大型紙 C 面

材料

※用尺は左から 100/110/120/130cm サイズ
表布（赤のブロード）110cm 幅 ×90/95/100/110cm
幅 2.5cm 平ゴム…46/49/52/55cm

縫い方順序

1　布を裁断し、縫い代のアイロン処理をする
2　スカート布を中表に合わせて両脇を縫う
3　脇の縫い代を折り伏せ縫いで始末する
4　ウエストと裾を三つ折り縫いする

裁ち方図

※布の表面に型紙を配置して裁断する
※指定以外の縫い代は 1cm
※用尺は上から 100/110/120/130

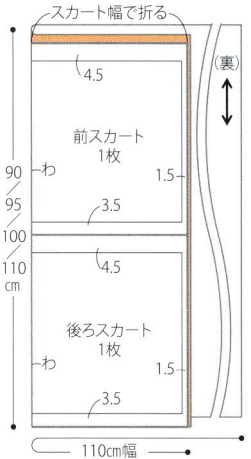

表布
スカート幅で折る
（裏）
4.5
前スカート
1枚
わ　　　1.5
3.5
90
95
100
110
cm
4.5
後ろスカート
1枚
わ
3.5
1.5
110cm幅

1 布を裁断し、縫い代のアイロン処理をする

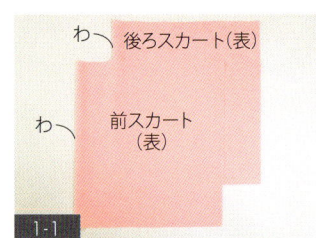

1-1
裁ち方図を参照し、型紙の周囲に縫い代をつけて布を裁つ。

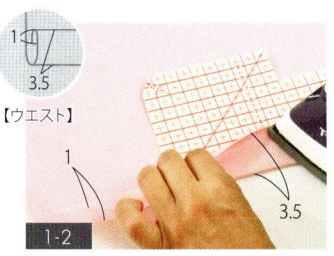

【ウエスト】
1
3.5
1

1-2
ウエストの縫い代は、アイロンで三つ折りにする（1cm 折り、さらに 3.5cm 折る）。

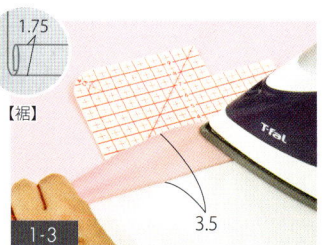

1.75
【裾】
3.5

1-3
裾の縫い代はアイロンで完全三つ折りにする（先にでき上がり線で 3.5cm 折り、布端をその折り目に合わせて半分に折る）。

3.5 の半分

1-4

> **Point**
> 縫い代のアイロン処理は縫い合わせる前の平たい状態でかけるのが効率的。アイロン定規もおすすめです！

2 スカート布を中表に合わせて両脇を縫う

左脇のウエスト側にはゴム通し口をあけておく。

1.2
ゴム通し口
0.2
折り目

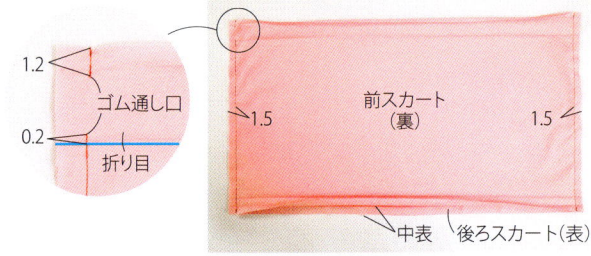

1.5
前スカート
（裏）
1.5
中表　後ろスカート（表）

> **★ミシン縫いのコツ**
> 長い距離を縫う時は両手で布を前後に張るようにして縫いましょう！

スカート布 2 枚を中表に合わせ、布端から 1.5cm のところを縫う。

3 脇の縫い代を折り伏せ縫いで始末する

3-1
両脇の縫い代をアイロンで割る。

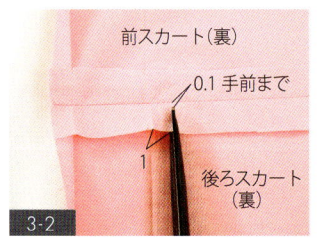

前スカート（裏）
0.1 手前まで
1
後ろスカート
（裏）

3-2
ゴム通し口から 1cm 下の縫い代に切り込みを入れる。

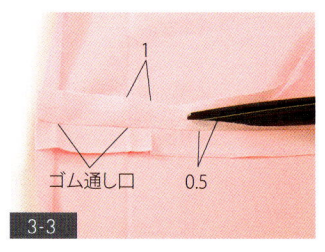

1
ゴム通し口
0.5

3-3
反対側の縫い代は裾からゴム通し口の 1cm 手前まで、0.5cm の縫い代を残してカットする。

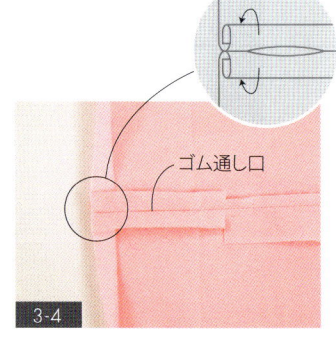

ゴム通し口

3-4
ゴム通し口の縫い代を内側に折り込む。

3-5

手前の縫い代（カットしていない方）を脇の縫い目に合わせて半分に折る。

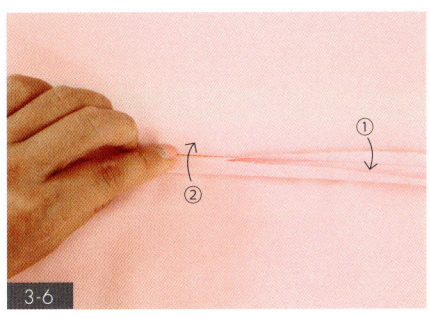

3-6

0.5cmにカットした縫い代を、手前の折り目をつけた長い縫い代でくるむ。

3-7

縫い代をまち針で止める。この時、下のスカートをすくわないように定規などを間に入れると良い。

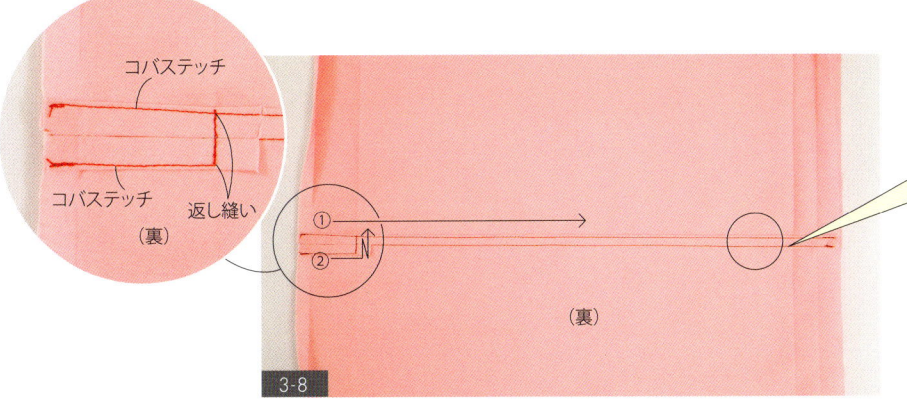

コバステッチ
コバステッチ　返し縫い
（裏）

3-8

①
②
（裏）

縫い代の折山の際にコバステッチをかける。先にウエスト側から裾まで縫い、次にゴム通し口の残りの端を縫う。脇の上にまたがる部分は返し縫いをする。反対側の脇も同様にして始末する。

折り伏せ縫いのでき上がり！
ジグザグ不要で縫い代もすっきり。裏まできれいに仕上がります。

（裏）
コバステッチ
脇

（表）
脇

コバステッチとは？
布端や折山の際から0.1〜0.2cm内側に入れるミシンステッチのこと。

4 ウエストと裾を三つ折り縫いする

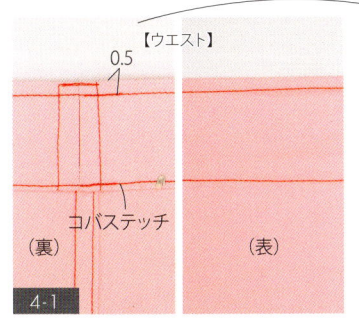

【ウエスト】
0.5
コバステッチ
（裏）　（表）

4-1

ウエスト側を三つ折りしてまち針で止め、スカート口の端から0.5cmのところにミンンステッチ、次に縫い代の折山をコバテッチで押さえる。

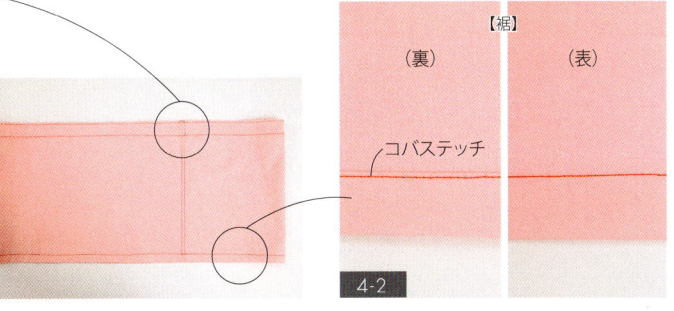

【裾】
（裏）　（表）
コバステッチ

4-2

裾の縫い代を三つ折りして、折山にコバステッチをかける。

1.5 重ねる

4-3

平ゴムを通し、ゴムの端を1.5cm重ねてミシンで縫う。

Skirt & Pants
C
切替スカート

はくシーンを選ばない
広がり過ぎないシルエットのゴムスカート。
ポケットつきなので通園通学にも便利。
生地は透けないぐらいの厚みがあれば
薄地から厚地まで幅広く使えます。
ウエスト部分は調整のしやすいダブルゴム仕様。
これも作品B（P.18）のスカートと同様、
縫い代を折り伏せ縫いで始末するので、
直線ミシンだけで裏側もきれいに丈夫に仕上がります。
How to make P.26 (Lesson3)

Skirt & Pants

D
ティアードスカート

元気な女の子におすすめのインナーパンツ付きスカート。

ボリュームを抑えたギャザー配分なので

普段着からお出掛けまで上品に着こなせます。

ギャザーが寄せやすい表面がフラットな布地がおすすめです。

パンツ部分は布地を変えて作っても。

前中心には前後の目印としてリボンもつけて。

How to make **P.28 (Lesson4)**

Lesson3

C

切替スカート

（P.24） 実物大型紙 B 面

材料

※用尺は左から 100/110/120/130cm サイズ
表布（ココア色のコーデュロイ）
110cm 幅 ×85/90/95/100cm
平ゴム（8 コール）…40/43/46/49cm を 2 本

縫い方順序

1 布を裁断し、縫い代のアイロン処理
2 前脇にポケットをつける
3 前スカートに前脇を縫い合わせる
4 両脇を縫う
5 ウエストと裾の始末

裁ち方図

※布の表面に型紙を配置して裁断する
※指定以外の縫い代は 1cm
※用尺は上から 100/110/120/130cm

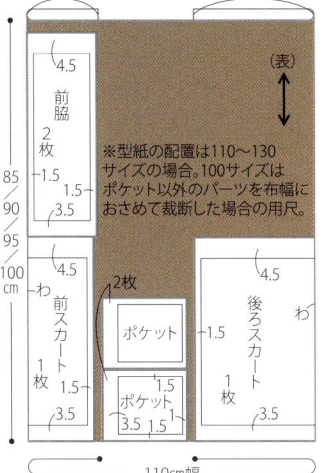

表布

前スカート幅で折る　後ろスカート幅で折る

85/90/95/100cm

110cm幅

※型紙の配置は110〜130サイズの場合。100サイズはポケット以外のパーツを布幅におさめて裁断した場合の用尺。

4.5／前脇／2枚／1.5／3.5／（表）

わ／2枚／前スカート／1枚／1.5／3.5

4.5／ポケット／1.5／ポケット／3.5／1.5

4.5／後ろスカート／1枚／1.5／3.5／わ

---

1 布を裁断し、縫い代のアイロン処理

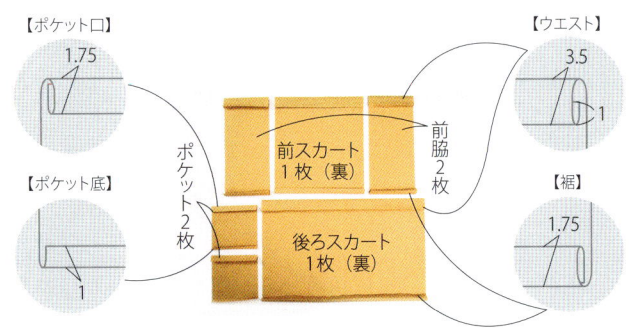

【ポケット口】1.75
【ポケット底】1
【ウエスト】3.5／1
【裾】1.75

ポケット2枚
前スカート1枚（裏）
後ろスカート1枚（裏）
前脇2枚

型紙の周囲に縫い代をつけて布を裁ち、ポケットつけ位置にノッチを入れてから、ウエストと裾、ポケット口とポケット底の縫い代にアイロンで折り目をつける。

2 前脇にポケットをつける

コバステッチ

2-1

ポケット口を三つ折りしてコバステッチをかける（P.15 参照）。

ノッチ→を合わせる
前脇（表）
ポケット（表）

2-2

前脇のノッチに合わせてポケットをまち針で止め、底にコバステッチをかける。

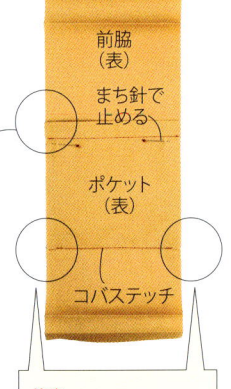

前脇（表）
まち針で止める
ポケット（表）
コバステッチ

注意
後で折り伏せ縫いで始末するため、両端 1cm を縫わずにあけておく。

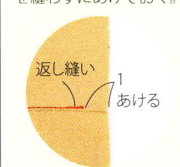

返し縫い／1／あける

3 前スカートに前脇を縫い合わせる

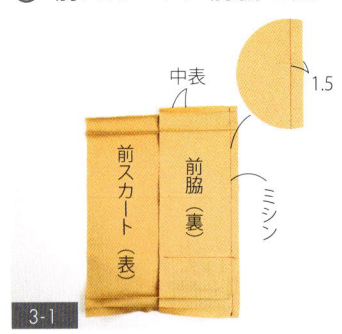

中表／1.5
前スカート（表）／前脇（裏）／ミシン

3-1

前スカートと前脇を中表に合わせて、布端から 1.5cm のところを縫う。

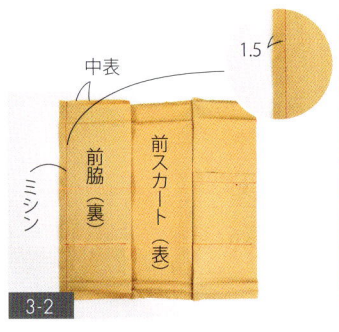

中表／1.5
前脇（裏）／前スカート（表）／ミシン

3-2

もう一枚の前脇も（反対側に）同様に縫う。

前スカート（裏）
②半分に折ってくるむ
①0.5 にカット
前脇（裏）

3-3

縫い代を割り、片方（前スカート）の縫い代を 0.5cm にカットして、もう一方（前脇）の縫い代は半分に折り目をつけてから短い方の縫い代をくるんでまち針で止める。

Point
縫い代は折り伏せ縫いで始末（P16 参照）。ステッチを入れたい方の縫い代を 0.5cm にカット。

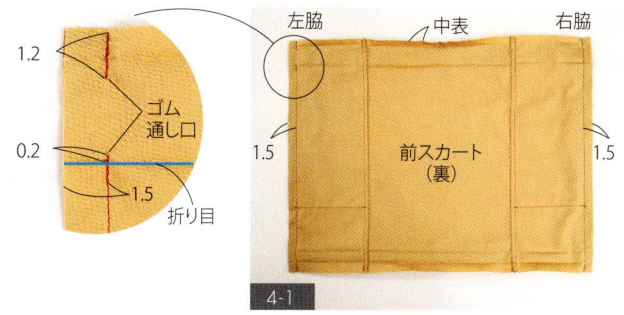

4 両脇を縫う

前スカート（裏）
コバステッチ
前スカート（裏）
3-1で縫ったところ
（裏）
（表）
前スカート　前脇
前スカート　前脇

3-4　縫い代の折山にコバステッチをかける。3-3で縫い代をカットした前スカート側にステッチが入る。

左脇　中表　右脇
1.2
ゴム通し口
0.2
1.5
折り目
前スカート（裏）
1.5　1.5

4-1　前スカートと後ろスカートを中表に合わせて両脇を縫う。左脇にはゴム通し口をあける。

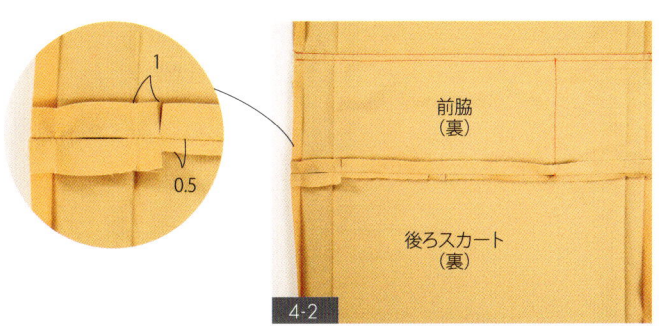

1
0.5
前脇（裏）
後ろスカート（裏）

4-2　縫い代は割り、片方（後ろスカート）の縫い代を0.5cmにカットし、反対側（前脇）の縫い代にはゴム通し口の1cm下に切り込みを入れる。

Point
スカートが輪の状態につながっているので間に定規をはさむとまち針が打ちやすい。

4-3　3-3と同様に縫い代をくるんでまち針で止める。ゴム通し口の両脇は内側に折り込む（P.20参照）。

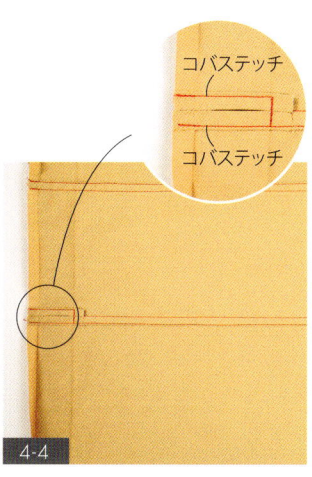

コバステッチ
コバステッチ

4-4　縫い代の折山にコバステッチをかける（P.23）。脇の折り伏せ縫いのステッチは後ろスカート側に入る。

5 ウエストと裾の始末

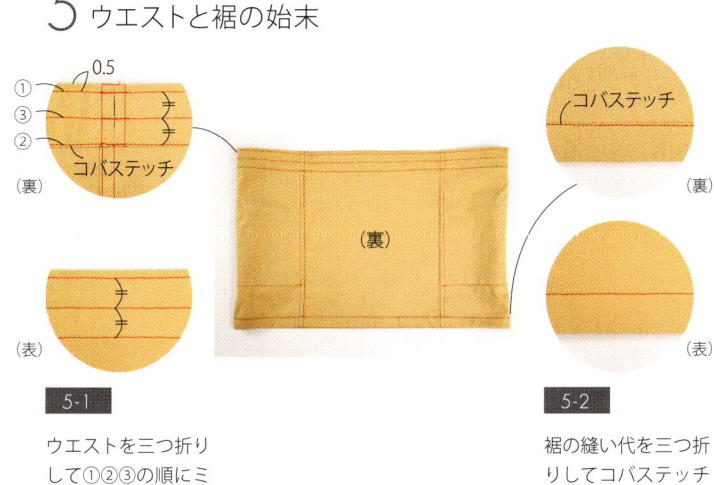

① 0.5
③
②
コバステッチ
（裏）
（裏）
（表）
コバステッチ
（裏）
（表）

5-1　ウエストを三つ折りして①②③の順にミシンステッチをかける。

5-2　裾の縫い代を三つ折りしてコバステッチをかける（P.21参照）。

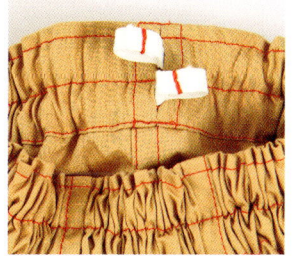

5-3　平ゴムを2本通し、ゴムの端を1cm重ねて縫う（ゴムが細い場合は手縫いがおすすめ）。

Lesson4
D
ティアードスカート
(P.25) 実物大型紙 A 面

材料
※用尺は左から 100/110/120/130cm サイズ
表布（青緑のブロード）110cm 幅 ×
100/110/120/130cm
平ゴム（8 コール）…40/43/46/49cm を 2 本
幅 2cm 両折バイアステープ…22cm（共通）

縫い方順序
1 布を裁断し、縫い代のアイロン処理
2 パンツを作る
3 ギャザーを寄せてスカートの上・中・下段
  をつなげる
4 スカートの両脇を縫う
5 パンツとスカートを縫い合わせる
6 ウエストと裾の始末
7 リボンをつけてゴムを通す

裁ち方図
※布の表面に型紙を配置して裁断する
※指定以外の縫い代は 1cm
※用尺は上から 100/110/120/130cm

表布
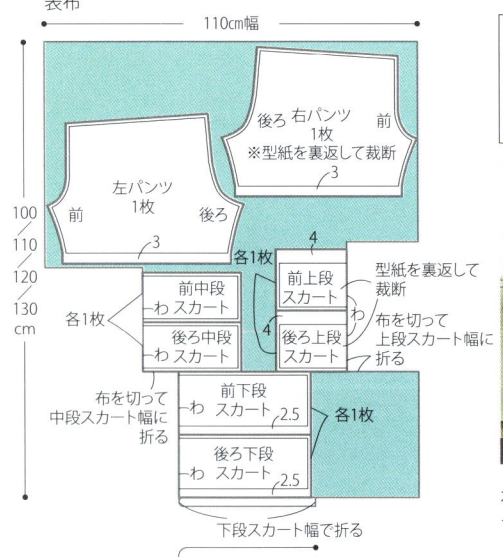

1 布を裁断し、縫い代のアイロン処理

【ウエスト】　【スカート裾】　【インナーパンツ裾】

型紙に縫い代をつけて布を裁ち、ノッチを入れる。ウエストと裾の縫い代にはアイロンをかけて折り目をつけておく（パンツは裾のみ）。

2 パンツを作る

P.20・21 を参照してパンツを作る（ポケット無し、ゴム通し口不要、ウエスト始末はまだしない）。

3 ギャザーを寄せてスカートの上・中・下段をつなげる

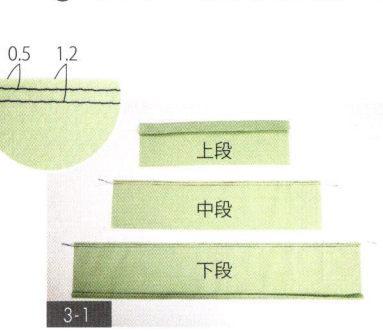

0.5　1.2

上段
中段
下段

3-1

前・後ろスカート中段と下段の上側に粗い針目のギャザーミシンを 2 本かける。

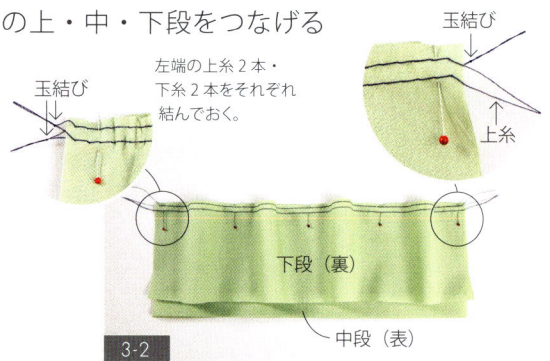

右端の上糸はそのまま、下糸 2 本だけを結んでおく。

左端の上糸 2 本・下糸 2 本をそれぞれ結んでおく。

玉結び

玉結び

上糸

下段（裏）

中段（表）

3-2

スカート下段と中段を中表に合わせ、ノッチ同士を合わせてまち針で止める。

注意!
強く引きすぎると糸が切れてしまうので、少しずつ右から左へギャザーをずらしていく。

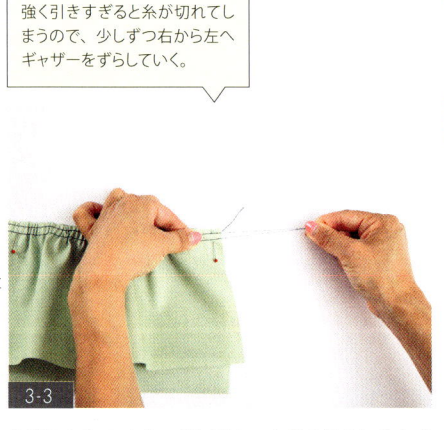

3-3

右端の上糸 2 本を一緒に引き、中段の長さに合わせて下段にギャザーを寄せる。

ちょうどギャザーミシンの間を縫うことになる。

ギャザーミシン

Point

ギャザーのひだを目打ちで整えながら縫うと良い

3-4

布端から 1cm のところを縫う。スカート上段も同様に縫い合わせる。

コバステッチ

(裏)

コバステッチ

(表)

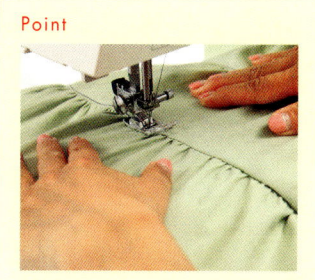

Point

両手でスカート布を左右に引っ張りながら縫うと縫い目の際にきれいなステッチが入る。

3-5 ギャザーミシンの糸をすべて取り除き、縫い代をジグザグミシンで始末する。

3-6 縫い代をアイロンで上側に倒し（片返し）、縫い代を押さえるために表からコバステッチをかける（後ろスカートも同様に作る）。

4 スカートの両脇を縫う

1.2
ゴム通し口
0.2
折り目
1

中表
前スカート（裏）
1
1

4-1 前スカートと後ろスカートを中表に合わせて両脇を縫う。左脇にはゴム通し口をあける。

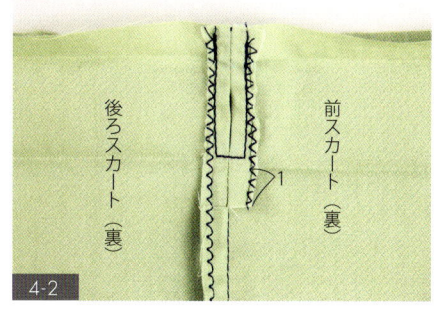

後ろスカート（裏）
前スカート（裏）
1

4-2 ゴム通し口の 1cm 下（前側）に切り込みを入れて縫い代を割り、ジグザグミシンをかける。ゴム通し以外の縫い代は後ろ側に倒す（片返し）。

5 パンツとスカートを縫い合わせる

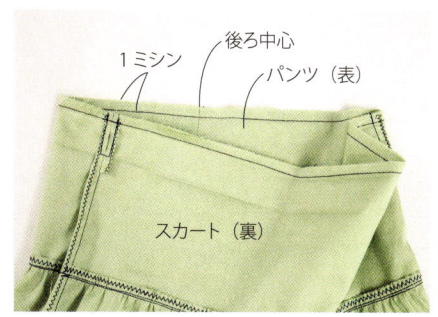

1 ミシン
後ろ中心
パンツ（表）
スカート（裏）

スカートの内側にパンツを入れ、スカート（表）とパンツ（裏）を合わせて布端から 1cm のところを縫い合わせる。

6 ウエストと裾の始末

【ウエスト表】
パンツ（裏）　スカート（表）

【ウエスト裏】
スカート（裏）　パンツ（裏）

コバステッチ（裏）

コバステッチ（裏）

ウエストと裾の三つ折りの折山にそれぞれコバステッチをかけ、ウエストはさらに真ん中のところにミシンステッチをかける。

7 リボンをつけてゴムを通す

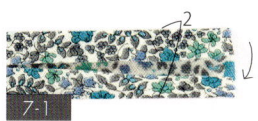

2

7-1 両折タイプのバイアステープ 22cm を半分に折る。

1
②ピケを塗る
①コバステッチ

7-2 縁をコバステッチで押さえ、両端にほつれ止めのピケを塗る（P.7 参照）。

縫い止める

7-3 リボンを結び（P.21 参照）、前側に縫い止める。最後に平ゴムを2本通す（P.27 参照）。

Skirt & Pants

E-1
クロップドパンツ

男の子にも女の子にも使える
定番シルエットのクロップド丈のパンツ。
しゃがんでも背中が見えにくい
履き心地のよいシルエットが特徴です。
切替ポケットつきで通園、通学にも活躍します。
前立てはミシンでステッチを入れるだけの見せかけ仕様。
ウエスト部分は布地の耳を利用することで
すっきりと仕上がるよう工夫してあります。
ツイルやデニム、コーデュロイなど
普通地から厚手の布地がおすすめ。
P.86 で色違いのコーディネイトをご紹介しています。
How to make **P.32 (Lesson5)**

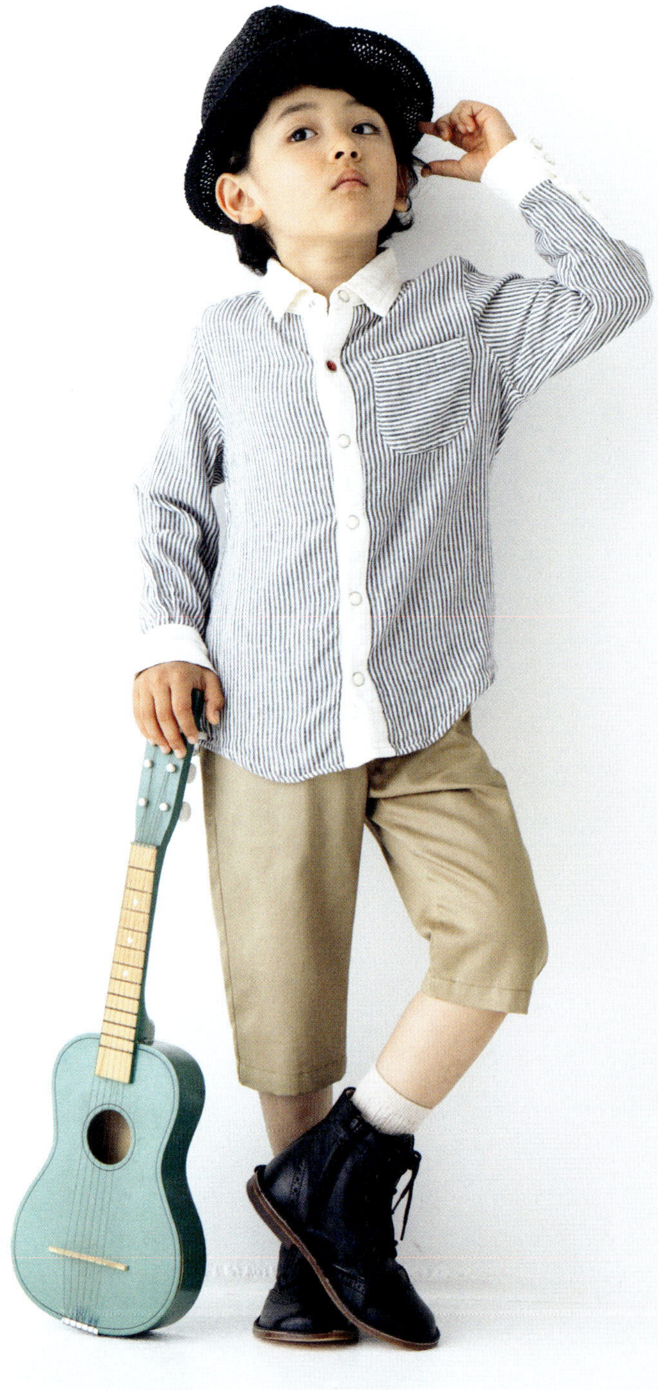

 布地提供／アルテモンド

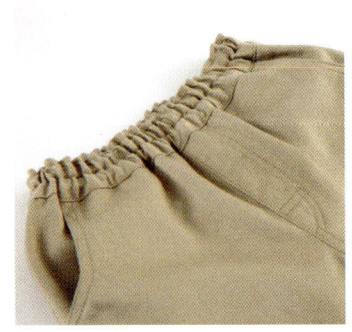

Skirt & Pants

F-1
ハーフパンツ

1年中活躍する男の子用のハーフパンツ。

ツイルやデニム、コーデュロイなど普通地から厚手の布が向いています。

前も後ろもアウトポケットなので初心者の方にもおすすめ。

これも作品 E-1 のパンツと同様、ウエスト部分に

布地の耳を利用しているので簡単ですっきりと仕上がります。

パーツが少ないので柄物に挑戦してみても。

How to make P.35 (Lesson6)

E-1
クロップドパンツ
（P.30） 実物大型紙A面

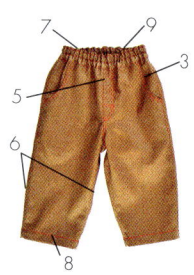

Front　　　Back

材料
※用尺は左から100/110/120/130cmサイズ
表布（カラーツイル）150cm幅×70/75/80/80cm
平ゴム（8コール）…40/43/46/49cmを2本

縫い方順序
1　布を裁断し、縫い代のアイロン処理
2　後ろパンツにポケットをつける
3　前パンツに袋布（前ポケット）をつける
4　後ろパンツの股上を縫う
5　前パンツに見返しをつけて股上を縫う
6　両脇と股下を縫う
7　ウエストベルトをつける
8　裾を三つ折り始末する
9　ゴムを通す

裁ち方図
※布の表面に型紙を配置して裁断する
※指定以外の縫い代は1cm
※用尺は上から100/110/120/130cm

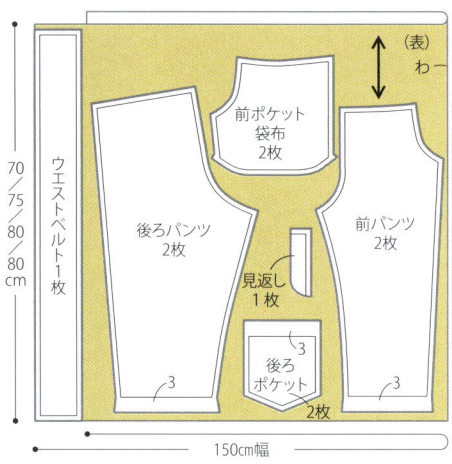

表布

70/75/80/80cm
150cm幅

1　布を裁断し、縫い代のアイロン処理

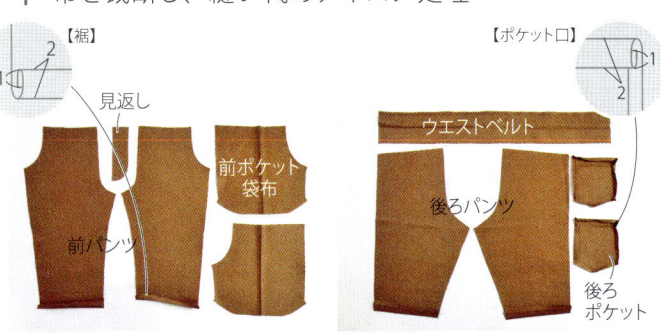

型紙に縫い代をつけて布を裁ち、ノッチを入れる。前・後ろパンツの裾とポケットの縫い代をアイロンで折り、ウエストベルトは半分に、前ポケット袋布は上下のノッチを合わせて中表に折る。

2　後ろパンツにポケットをつける

Point
厚みのあるものの縫い始めで針が進まない時は、押さえが水平になるように捨て布（不要な布をたたんで厚みを同じにする）から続けて縫い、後で間の糸をカットすると良い。

2-1

ポケット口を三つ折りしてコバステッチを2本かける（お好みでタグを縫いつける）。

Point
縫い始めと縫い終わりは重ね縫い（P15参照）

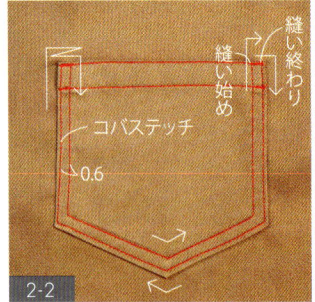

2-2

後ろパンツの合印に合わせてポケットをまち針で止め、ダブルステッチで縫い止める（お好みでピスネームを挟む）。

3　前パンツに袋布（脇ポケット）をつける

3-1

パンツと袋布を中表に合わせてポケット口を縫い、縫い代に切り込みを入れる。縫い代はアイロンでパンツ側に折る。

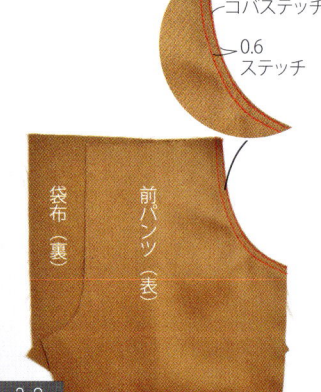

3-2

前パンツと袋布を表に返し、ポケット口にダブルステッチをかける（コバステッチの後、0.6cm幅のステッチ）。

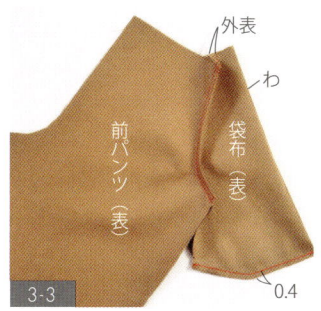

3-3

袋布を外表に二つに折り、袋布の底から0.4cmのところを縫う。

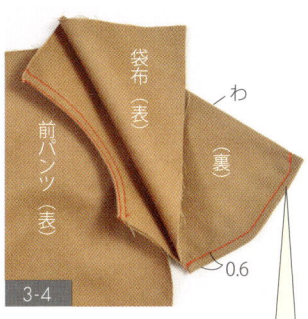

3-4

袋布を中表に折り直し、袋布の底から0.6cmのところを縫う（3の縫い目と縫い代が隠れる→袋縫い）。

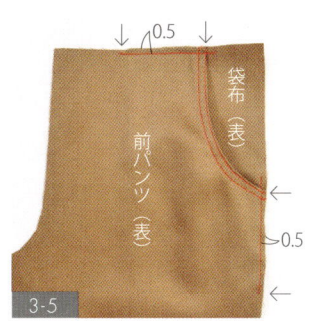

3-5

ノッチに合わせて袋布を整え、端から0.5cmの位置を縫い止める。

4 後ろパンツの股上を縫う

4-1

後ろパンツ2枚を中表に合わせて股上を縫い、縫い代をジグザグミシンで始末する。

Point
袋布の角は斜めに縫うとゴミが出しやすくなる

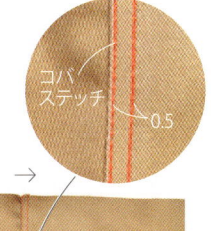

4-2

縫い代は右パンツ側（矢印の方向）に片返しにし、ダブルステッチ（コバステッチと0.5cm幅のステッチ）をかけて縫い代を押さえる。

5 前パンツに見返しをつけて股上を縫う

5-1

見返しのカーブの部分にジグザグミシンをかける。

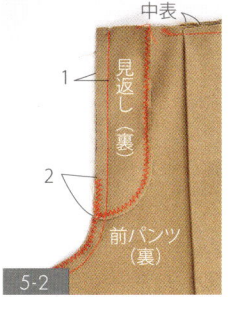

5-2

前パンツ2枚を中表に合わせた上に、見返しを写真のように重ねて股上を一緒に縫い、縫い代は見返し端の2cm上から股までジグザグミシンで始末する。

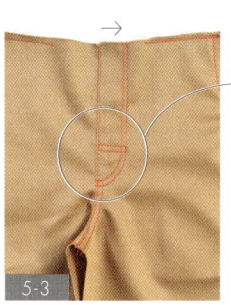

5-3

縫い代と見返しを左パンツ側（矢印の方向）にアイロンで片返しにして、見返しと縫い代をステッチで押さえる。

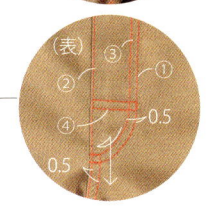

①見返しの縁から0.5cm内側（ジグザグ部分のみ）を裏からステッチ。②③は股の交点までウエストから表からステッチ。④は表からダブルステッチ。

6 両脇と股下を縫う

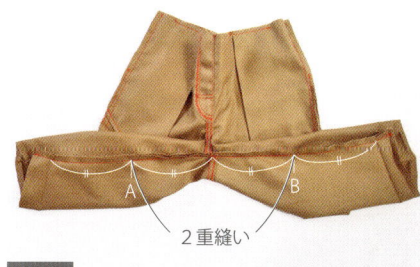

6-1

前パンツと後ろパンツを中表に合わせて両脇と股下を縫い、股下の長さを約2等分したA〜B間を、2重縫い（ミシン目の真上を重ねて縫う）して補強する。

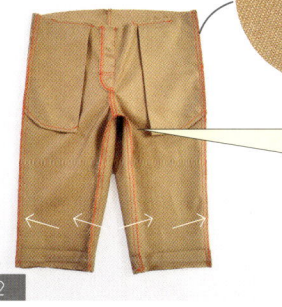

6-2

縫い代はジグザグミシンで始末する。両脇の縫い代は後ろパンツ側に、股下の縫い代は前パンツ側に倒す。

注意!
股下の交点は前・後ろパンツの縫い代が互い違いになるように縫い合わせる。

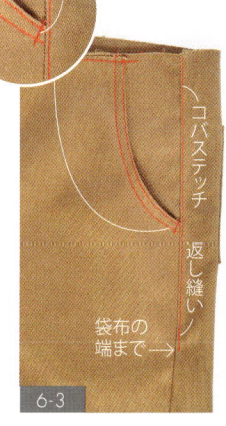

6-3

袋布の端まで脇にコバステッチをかけて縫い代を押さえる。前ポケット口の脇側には表から返し縫いをして補強する。

7 ウエストベルトをつける

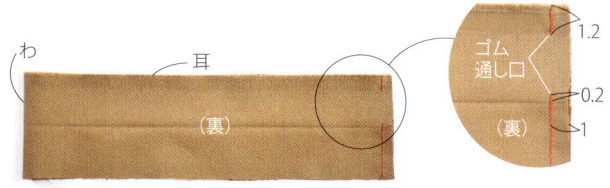
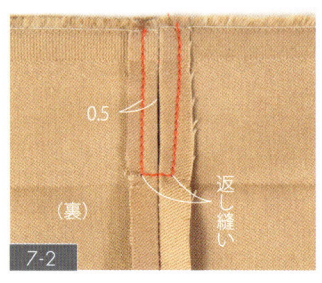
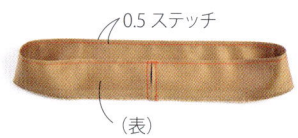

7-1
ウエストベルトの両端を中表に合わせ、耳側にゴム通し口を残して縫う。

7-2
縫い代をアイロンで割り、ゴム通し口の周囲にステッチをかける。

7-3
ウエストベルトを外表に折り、ウエストの縁から 0.5cm 内側にステッチをかける。

Point
布の耳を利用するため三つ折り始末が不要で簡単なだけでなく、ウエストまわりがすっきり！

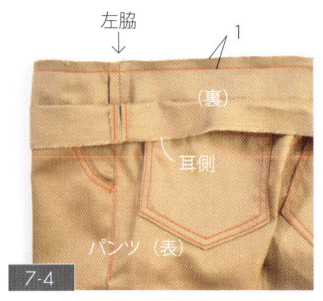

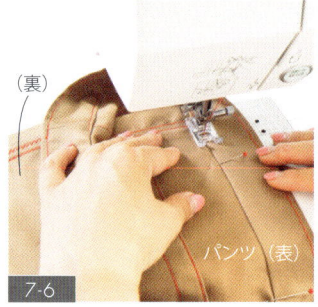
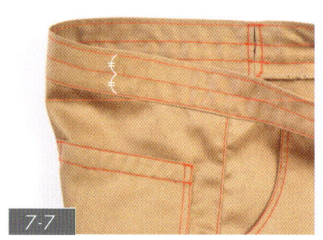

7-4
パンツとウエストベルトの表側（耳と反対側）を中表に合わせて縫う。ゴム通し口はパンツの左脇に合わせる。

7-5
ウエストベルトをパンツの裏側に返し、ウエストベルトの布端を伸ばしたまま表側からまち針で止める。

7-6
表から（内側を見ながら）ウエストベルトにコバステッチをかける。縫い始めと縫い終わりは重ね縫い（写真下参照）。

7-7
ウエストベルトの中央にも同様にステッチをかける。

8 裾を三つ折り始末する

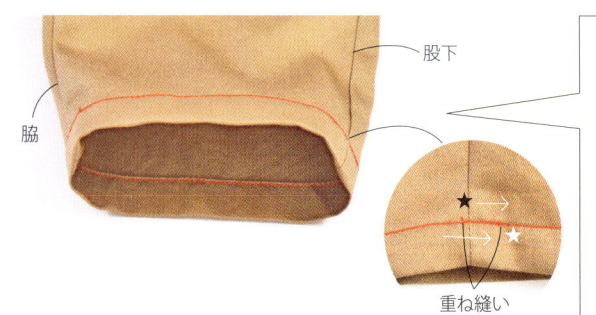

Point
裾や袖口など、小さな筒状のものを縫う時は内側を見ながらミシンをかけると良い。

裾を三つ折り（P.23 参照）してコバステッチをかける。縫い始めと縫い終わりは重ね縫いをする。

★縫い始め
☆縫い終わり

9 ゴムを通す

9-1
ウエストに平ゴムを 2 本通す（P.27 参照）。

F-1

ハーフパンツ 応用編

（P.31） 実物大型紙C面

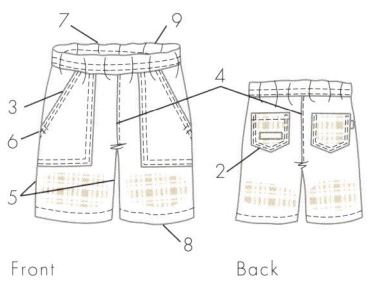

Front　　　Back

材料

※用尺は左から 100/110/120/130cm サイズ
表布（チェック）110cm 幅 ×80/85/85/90cm
平ゴム（8 コール）…40/43/46/49cm を 2 本

縫い方順序

1　布を裁断し、縫い代のアイロン処理
2　後ろパンツにポケットをつける（P.32 参照）
3　前パンツにポケットをつける
4　前・後ろパンツの股上を縫う
5　両脇と股下を縫う（P.33 参照）
6　前ポケット位置にステッチをする（P.99 参照）
7　ウエストベルトをつける（P.34 参照）
8　裾を三つ折り始末する（P.34 参照）
9　ゴムを通す（P.27 参照）

裁ち方図

※布の表面に型紙を配置して裁断する
※指定以外の縫い代は 1cm
※用尺は上から 100/110/120/130cm

表布

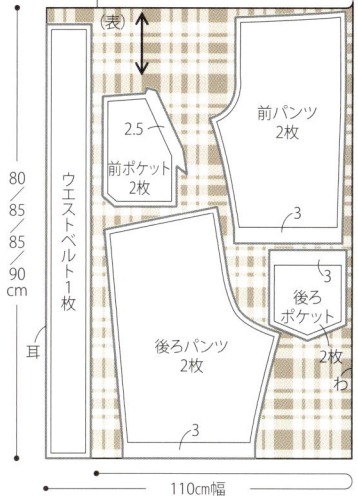

3 前パンツにポケットをつける

完全三つ折り　　二つ折り

コバステッチ

（裏）

③0.5ミシン
①コバステッチ
②0.5 幅ステッチ

ポケット（表）
前パンツ（表）

3-1 前ポケットはポケット口を完全三つ折り、脇とウエスト側以外を二つ折りにしてアイロンで折り目をつけておく。

3-2 前ポケットのポケット口にコバステッチを 2 本かける。

3-3 前パンツの表にポケットを重ね、図の①②③の順にステッチをかけて縫いつける。

4 前・後ろパンツの股上を縫う

中表

前パンツ（裏）

（裏）

（裏）
コバステッチ　1の縫い目

（表）
1の縫い目の表側　コバステッチ

4-1 前パンツを中表に合わせて股上を縫い、縫い代はジグザグミシンで始末する。後ろパンツも同様に縫う。

4-2 縫い代は左パンツ側（後ろパンツは右パンツ側）に片返しにして、表からコバステッチをかけて縫い代を押さえる。

Skirt & Pants
F-2
ニッカーボッカーズ

男の子にも女の子におすすめの動きやすい七分丈パンツ。

裾にゴムを通したニッカーボッカーズのデザインです。

ポケットは初心者さんでも簡単に作れる

アウトポケット（P.31のパンツと同じ）。

ツイルやしっかりめのコットン、コーデュロイなど

厚すぎない布地が縫いやすくおすすめです。

How to make P.98

※切替ブラウスは作品J-2（P.61）のパターンを使用

Skirt & Pants

E-2
バルーンパンツ

女の子に人気のギャザーが可愛いショートパンツ。

夏は1枚で、寒い季節はレギンスやブーツを合わせて1年中活躍します。

前立ては作品E-1（P.30）のパンツと同様、

ステッチだけで簡単にできる見せかけ仕様。

ウエスト部分は布地の耳を利用し、簡単にすっきりと仕上げます。

暑い季節はカラーリネンや薄手のツイル、

寒い季節はコーデュロイなどがおすすめです。

P.48では夏のコーディネイトをご紹介しています。

How to make **P.38**

E-2

バルーンパンツ

（P.37）実物大型紙 B 面

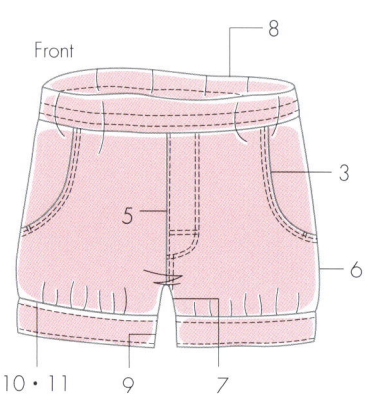

材料

※用尺は左から 100/110/120/130cm サイズ

表布（紫のカラーリネン）110cm 幅 ×75/75/80/80cm

接着芯（裾カフス分）90cm 幅 ×10cm

ゴムテープ（8 コール・ウエスト分）…40/43/46/49cm を 2 本

縫い方順序

1　布を裁断し、縫い代のアイロン処理をする
2　後ろパンツにポケットをつける（P.32-2 参照）
3　前パンツに袋布（前ポケット）をつける（P.32-3 参照）
4　後ろパンツの股上を縫う（P.33-4 参照）
5　前パンツに見返しをつけて股上を縫う（P.33-5 参照）
6　脇を縫う
7　股下を縫う
8　ウエストベルトをつける（P.34-7 参照）
9　裾カフスを縫う
10　裾に粗ミシンをかける
11　裾に裾カフスをつける
12　ウエストベルトをつけ（P.34-7 参照）、ゴムを通す

裁ち方図

※指定以外の縫い代は 1cm

※用尺は上から 100/110/120/130cm サイズ

※斜線部分（裾カフス）の裏に接着芯を貼る

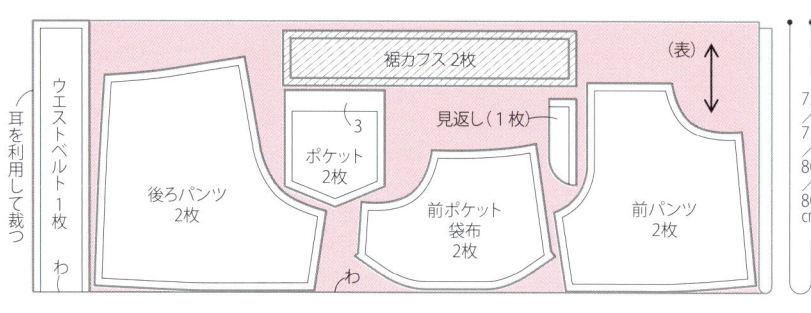

1 布を裁断し、縫い代のアイロン処理をする

6 脇を縫う

後ろパンツ(表)

① 1ミシン

前パンツ(裏)

②2枚一緒に
ジグザグミシン

③前股下、後ろ股下
それぞれ1枚ずつジグザグミシン

→

⑦返し縫いで
ポケット口を
補強

④縫い代を
後ろ側に倒す

前パンツ
(表)

⑤コバステッチ

⑥0.5ステッチ

後ろパンツ
(表)

7 股下を縫う

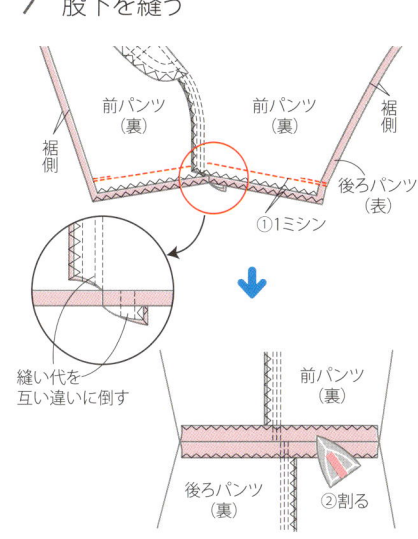

裾側

前パンツ
(裏)

前パンツ
(裏)

裾側

① 1ミシン

後ろパンツ
(表)

縫い代を
互い違いに倒す

↓

前パンツ
(裏)

後ろパンツ
(裏)

②割る

9 裾カフスを縫う

裾カフス(表)   角をカット

① 1ミシン

アイロンの折り目

→

②割る

③表カフス側を
アイロンの折り目に沿って折る

10 裾に粗ミシンをかける

ギャザー止まりで
折り返す

約6mm

0.5   1

ギャザー止まり

前パンツ
(表)

ギャザー止まり

粗ミシン
(約6mm/1針)

0.5   1

ギャザー止まり

11 裾に裾カフスをつける

①裾カフスと同じ長さになるように
粗ミシンの糸を引いてギャザーを寄せ、
裾カフスと合わせてまち針で止める

股下側

縫い始め

前パンツ
(裏)

表カフス側

裏カフス側

カフス
(裏)

パンツ
(裏)

②目打ちを使って
ギャザー側から
1ミシン

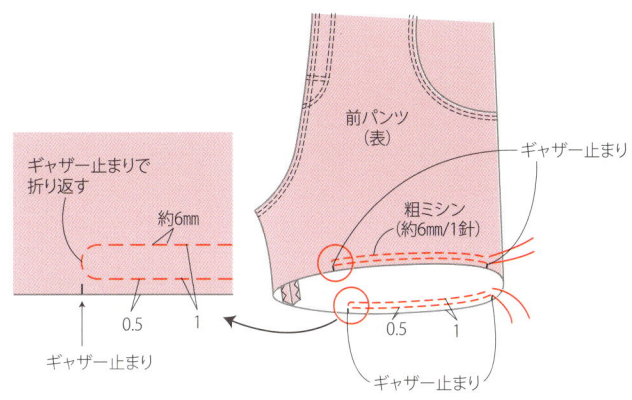

縫い始め

前パンツ
(裏)

表カフス(表)

④内側から
コバステッチ

⑤コバステッチ

③裾カフスを表に返し、
表カフスでかぶせて
まち針で止める

⑥コバチステッチを
かけ終わったら、
出ている粗ミシンを抜く

前パンツ (表)	後ろパンツ (表)
表カフス (表)	

2重縫い

column1

タグ＆ピスネームでお洋服にアクセントを

タグとは、名前やブランドネームが入ったリボンテープで、ピスネームとは、ブランドのマークやロゴなどを入れた二つ折りの小さなテープ。
この本の掲載作品にもお洋服のアクセントとして使っています。横長のネームタグは、身頃の後ろや袖、ポケットなどにつけると効果的。
裁断後のまだ平面の状態の時に四方を囲むようにコバステッチで縫いつけましょう。
ピスネームは、身頃やポケットの脇を縫う時に挟み込むだけなのでとても簡単につけられます。
ポケットなどにはネームタグとセットで使っても可愛いですね。
お名前タグも身頃の脇やウエスト縫いの際に挟み込んで縫うだけなので手作り子供服には特におすすめ。
サイズチェックつきのタイプも人気です。今回は私の型紙ショップのブランドロゴが入ったものをご紹介していますが、
この他にも様々なタグが市販されていたり、オリジナルタグを作ったりもできますので、お好みのものを探してぜひ使ってみてください。

織りネームタグ & ピスネーム (ゴシック体タイプ)

元気カラーの生地にはきれいな発色のロゴタイプのタグがおすすめ。

織りネームタグ＆ピスネーム（筆記体タイプ）

ナチュラル系の生地には同系色のペールトーンを合わせて優しくおしゃれな雰囲気に。

お名前＆サイズタグ

脇やウエストの内側に挟んで縫うタイプや両端を縫い止めるタイプ。
手作り服でありがちなサイズ確認で困らない、サイズチェックつきタイプもおすすめです。

Smock, Camisole & One-piece

Smock, Camisole & Dress

G-1
長袖スモック

子供たちの遊びのシーンで大活躍するスモックです。
適度なゆとりで動きやすく、袖つけが簡単なラグランスリーブ。
ネックと袖口はゴムを通してギャザーを寄せる手軽な作りです。
お洗濯が気軽にできる薄手のコットンやリネンがおすすめ。
配色で作る丸底ポケットがポイントになっています。

How to make P.44 (Lesson7)

Smock, Camisole & Dress
G-2
フリルスモック

首まわりのフリルが可愛い、着やすいスモックです。

季節に合わせて作品 G-1 の長袖、G-3 の五分丈にと

袖の長さを替えれば 1 年中活躍します。

ネックと袖口はゴムを通してギャザーを寄せる手軽な作り。

薄手で柔らかい布地がおすすめですが、

透け感のある布地で作っても素敵です。

How to make P.100

G-1
長袖スモック
(P.42) 実物大型紙B面

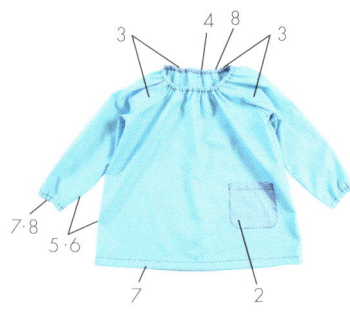

材料
※用尺は左から 100/110/120/130cm サイズ
表布（青ギンガムチェックリネン）
110cm 幅×100/115/120/125cm
別布（青無地リネン）60×60cm（共通）
平ゴム（6 コール）……70/72/74/76cm
※衿ぐり 40/42/44/46cm、袖口 15cm（共通）を 2 本

縫い方順序
1 布を裁断し、縫い代のアイロン処理
2 前身頃にポケットをつける
3 前・後ろ身頃に袖を縫い合わせる
4 衿ぐりを衿バイアス布で始末する
5 袖下と脇を続けて縫う
6 縫い代をジグザグミシンで始末する
7 裾と袖口を三つ折りして縫う
8 衿ぐりと袖口にゴムを通す

> **知っておこう!**
> **平ゴムの 6 コールと 8 コールの違い**
> コールはゴムの本数（強さ）を表すもの。スモックの衿ぐりや袖口には 6 コール、パンツやスカートのウエストゴムには少し強い 8 コールがおすすめ!

裁ち方図
※布の表面に型紙を配置して裁断する
※指定以外の縫い代は 1cm
※用尺は上から 100/110/120/130cm

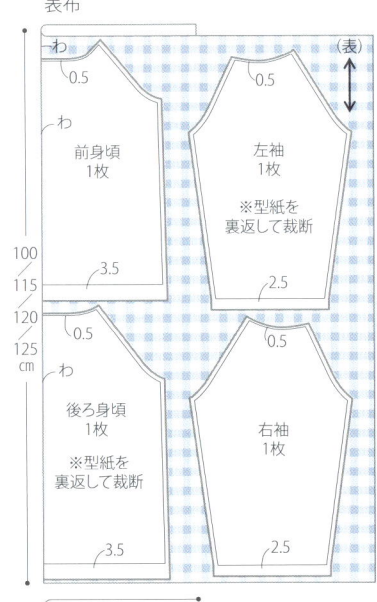

表布

わ
0.5
わ
前身頃
1枚
※型紙を裏返して裁断
3.5
100/115/120/125 cm
わ
後ろ身頃
1枚
※型紙を裏返して裁断
3.5
0.5
左袖
1枚
2.5
0.5
右袖
1枚
2.5
（表）
110cm幅

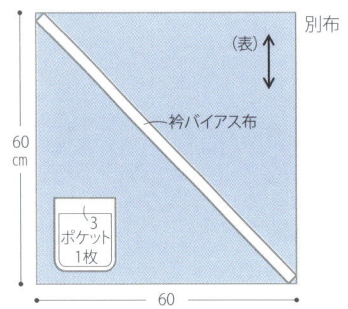

別布
（表）
衿バイアス布
ポケット
1枚
60cm
60

1 布を裁断し、縫い代のアイロン処理

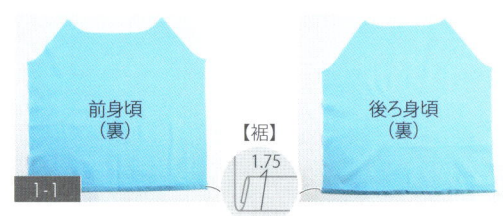

前身頃（裏）　【裾】1.75　後ろ身頃（裏）

1-1

裁ち方図を参照し、型紙の周囲に縫い代をつけて布を裁つ。前身頃にはポケットつけ位置に目打ちで印をつける（P.50-2-1 参照）。前身頃・後ろ身頃の裾と袖口にアイロンで完全三つ折りの折り目をつける。

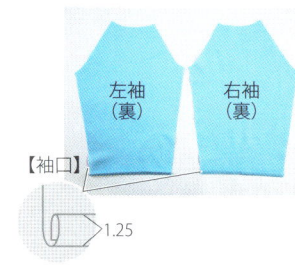

左袖（裏）　右袖（裏）
【袖口】1.25

> **Point**
> 袖の前後を間違えないよう、前側の表に目印となるシールを貼っておく。
> 前側印のシール
> 右袖（表）　左袖（表）

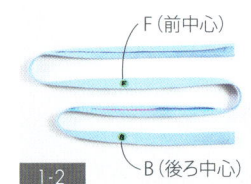

F（前中心）
B（後ろ中心）

1-2

衿バイアス布の両側の縫い代をアイロンで 0.5cm ずつ折る。前中心・後ろ中心の位置にはシールで目印をつけておく。

> **あると便利!**
> バイアステープメーカー 12mm を使えば縫い代の折り目つけが簡単に。市販のバイアステープ（両折12mm）を使う場合は型紙のノッチだけを写せばOK。
> ※作品 G-3 スモックワンピには 18mm を使用

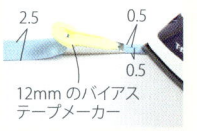

2.5　0.5　0.5
12mm のバイアステープメーカー

2 前身頃にポケットをつける

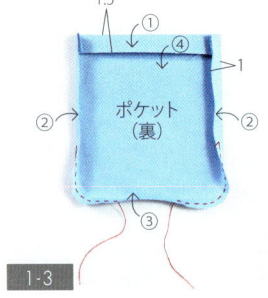

1.5
①
④
1
②　ポケット（裏）　②
③

1-3

ポケット口は完全三つ折り、その他は二つ折りにしてアイロンで数字の順に直線部分の折り目をつける。縫い代のカーブにはぐし縫いをしておく。

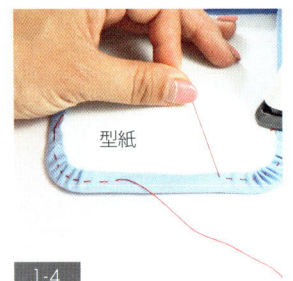

型紙

1-4

カーブの部分は、厚紙で裁ち切り（縫い代なし）で作った型紙を入れてぐし縫いの糸を引き、アイロンで折り目をつける。ぐし縫いの糸は取り除く。

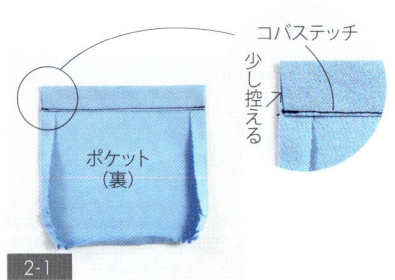

コバステッチ
少し控える
ポケット（裏）

2-1

ポケット口の三つ折りにコバステッチをかける。角の縫い代は少し内側に控える（P.20 参照）。

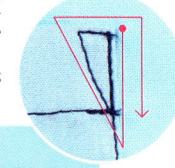

角は矢印の順に三角に縫う（返し縫いをせずに縫い始め、縫い重なった部分が 2 重に縫われる）。

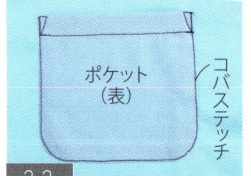

前身頃（表）
ポケット（表）
コバステッチ

2-2

前身頃にポケットを重ねてコバステッチで縫いつける。

3 前・後ろ身頃に袖を縫い合わせる

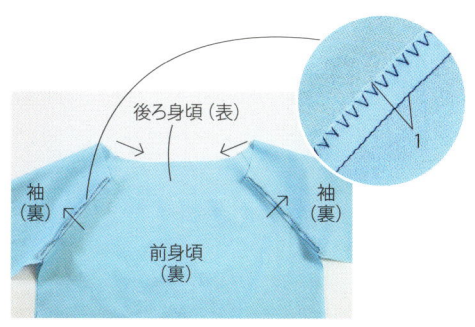

前身頃（表）
後ろ身頃（表）
袖（裏）
袖（裏）
前身頃（裏）
1

前身頃と袖を中表に合わせて縫い、縫い代を2枚一緒にジグザグミシンで始末して袖側に倒す。後ろ身頃と袖も同様に縫い、縫い代は身頃側に倒す。

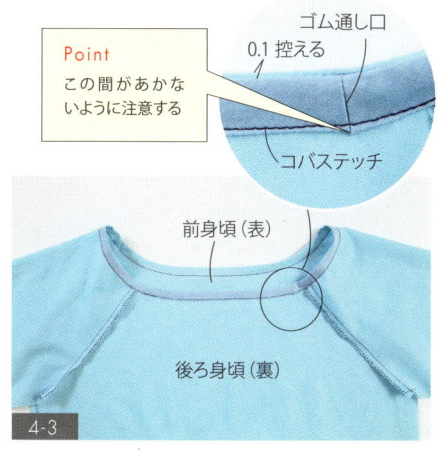

Point
この間があかないように注意する

ゴム通し口
0.1 控える
コバステッチ
前身頃（表）
後ろ身頃（裏）
4-3

衿バイアス布を裏側に返し、衿ぐりの縫い代をくるんで少し裏側に控え、コバステッチで押さえる。

4 衿ぐりを衿バイアス布で始末する

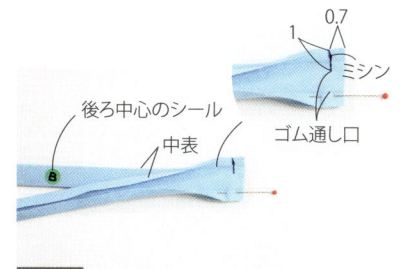

1　0.7
ミシン
後ろ中心のシール
中表
ゴム通し口
4-1

衿バイアス布の両端を写真のように中表に合わせ、ゴム通し口を残して縫う。

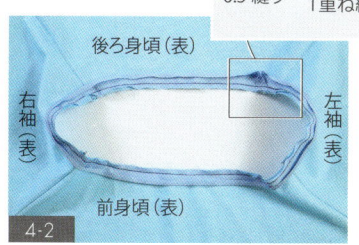

後ろ身頃（表）
左袖（表）
0.5 縫う　1 重ね縫い

後ろ身頃（表）
右袖（表）
左袖（表）
前身頃（表）
4-2

4-1の縫い代を割り、身頃・袖と中表に合わせてすべてのノッチをまち針で止め、その間・その間…とまち針で細かく止めてから0.5cmのところを縫う。縫い始めと終わりは1cm重ね縫いする（P.15参照）。

5 袖下と脇を続けて縫う

袖下と脇を中表に合わせ、袖下と脇を続けて縫う。

袖口はゴム通し口をあけて縫い、前側の縫い代に切り込みを入れておく。

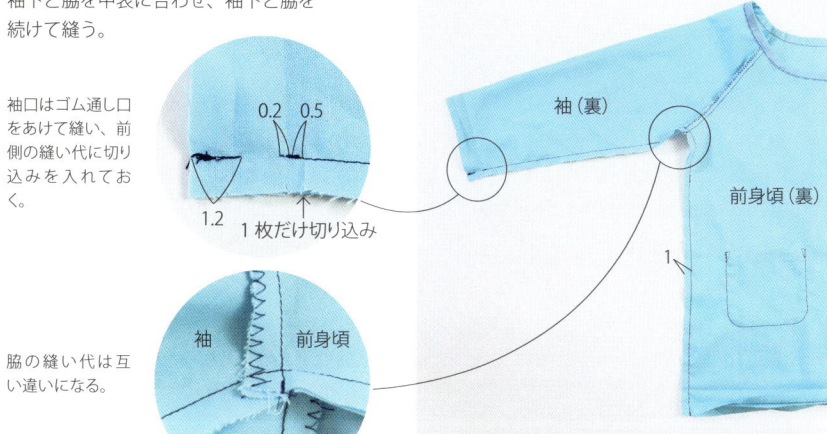

0.2　0.5
1.2
1枚だけ切り込み

袖（裏）
前身頃（裏）
1

袖　前身頃
袖

脇の縫い代は互い違いになる。

後ろ身頃

6 縫い代をジグザグミシンで始末する

ゴム通し口の縫い代は割り、ジグザグミシンで1枚ずつ始末する。

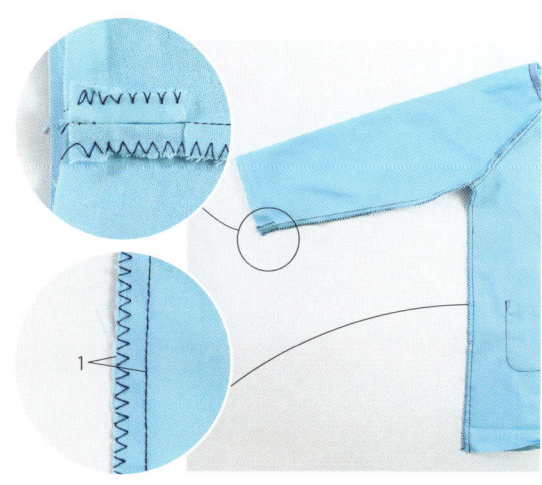

1

縫い代を2枚一緒にジグザグミシンで始末し、縫い代は後側に片返しにする。

7 裾と袖口を三つ折りして縫う

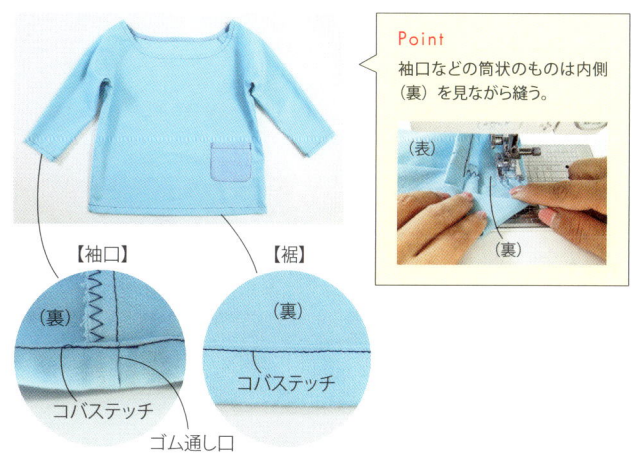

Point
袖口などの筒状のものは内側（裏）を見ながら縫う。

（表）
（裏）

【袖口】
【裾】

（裏）
（裏）

コバステッチ
ゴム通し口
コバステッチ

Smock, Camisole & Dress

G-3
スモックワンピース

簡単に作れるラグランスリーブで、ネックと袖口部分は
女の子らしくギャザーが目立つ作りにしてあります。
動いてもほどけてこないようにリボンは結んだものを縫いつけて。
後ろ身頃にはシャーリングを寄せて上品なシルエットにしました。
無地でも柄物でも可愛く仕上がります。
How to make **P.47**

G-3

スモックワンピース

（P.46） 実物大型紙 B 面

材料

※用尺は左から 100/110/120/130cm サイズ
表布（リバティプリント）110cm 幅 ×120/130/150/160cm
別布（カラーブロード）12cm×5cm
ゴムテープ（6 コール・シャーリング分）…16cm を 3 本・
（衿ぐり分）…40/42/44/46cm を 1 本・（袖口分）…18cm（共通）を 2 本
幅 1cm 綾テープ…60cm を 1 本

縫い方順序

1　布を裁断し、縫い代のアイロン処理をする
2　前身頃にポケットをつける（P.44-2 参照）
3　後ろ身頃にゴムシャーリングをする
4　前・後ろ身頃と袖を縫い合わせる（P.45-3 参照）
5　衿ぐりを衿バイアス布で始末する
6　袖下と脇を続けて縫う（P.45-5 参照）
7　縫い代をジグザグミシンで始末する（P.45-6 参照）
8　裾と袖口を三つ折りして縫う（P.100-9 参照）
9　衿ぐりと袖口にゴムを通す
10　前身頃に飾りリボンをつける

裁ち方図

※指定以外の縫い代は 1cm
※用尺は上から 100/110/120/130cm サイズ

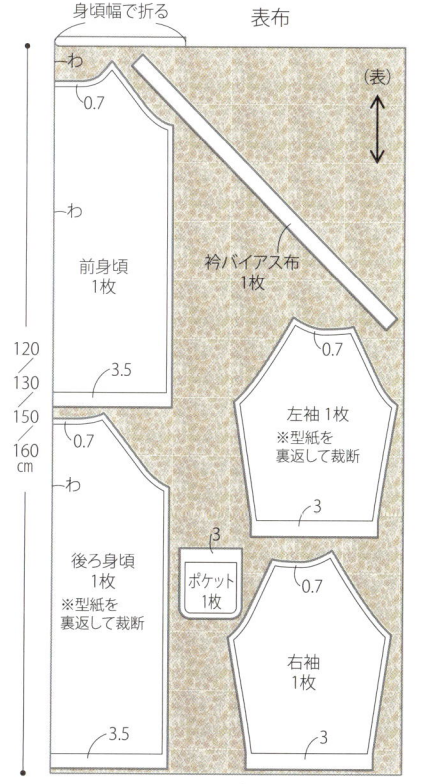

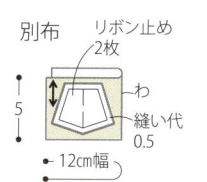

3 後ろ身頃にゴムシャーリングをする

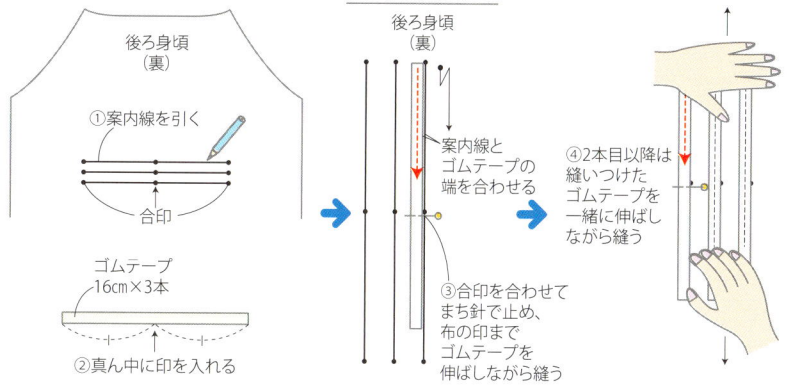

5 衿ぐりを衿バイアス布で始末する

10 前身頃に飾りリボンをつける

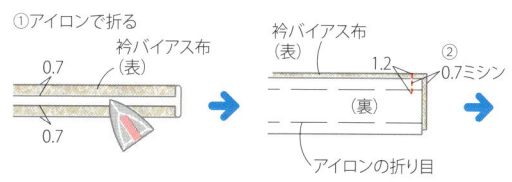

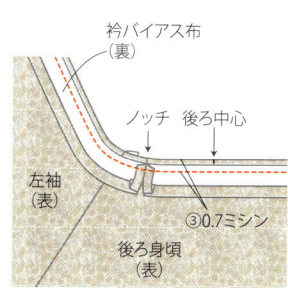

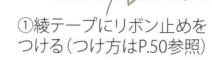

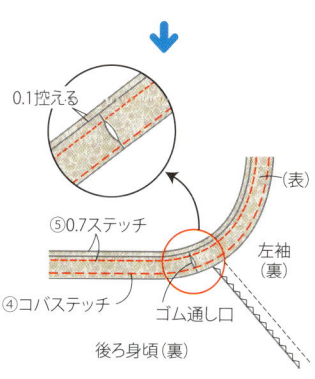

Smock, Camisole & Dress

H-1
フリルブラウス

タックとフリルがポイントのキュートなブラウス。
薄手の布なら無地でも柄物でも可愛く仕上がります。
後ろ身頃はリボンをポイントにした涙あきの仕立て。
ショートパンツと合わせて元気な着こなしもおすすめ。
How to make P.50（Lesson8）
※バルーンパンツは作品E-2（P37）を参照

カチューム

小さな布地で作れる
女の子のカチュームです。
後ろがゴムになっているので
お子様だけでも使えます。
リボンの部分は動かすことができるので
髪型に合わせたアレンジも可能。
ゴムと後ろひもを長くすれば大人用にも。
How to make P.109

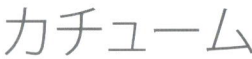

Smock, Camisole & Dress
H-2
フリルワンピ

タックとフリルがポイントのキュートなワンピース。
ギャザーがきれいに出る薄手の布がおすすめです。
後ろ身頃は涙あきの仕立てでリボンがポイント。
脇の縫い目を利用したシームポケットがつけられます。
How to make **P.101**

H-1

フリルブラウス

（P.48） 実物大型紙A面

縫い方順序

1 布を裁断し、縫い代のアイロン処理
2 前身頃のタックを縫う
3 後ろあきのリボンをつける
4 後ろあきの始末
5 肩を縫う
6 衿ぐりの始末
7 フリル端を三巻縫いする
8 フリルにギャザーを寄せて身頃につける
9 袖ぐりをバイアス布で始末
10 脇を縫い、裾を三つ折り始末

材料

※用尺は左から 100/110/120/130cm サイズ
表布（リバティ）110cm 幅 ×65/70/75/80cm
幅 1cm サテンリボン……35cm を 2 本
接着芯……15×15cm

裁ち方図

※布の表面に型紙を配置して裁断する
※指定以外の縫い代は 1cm
※用尺は上から 100/110/120/130cm
※斜線部分（後ろあき見返し）に接着芯を貼る

表布

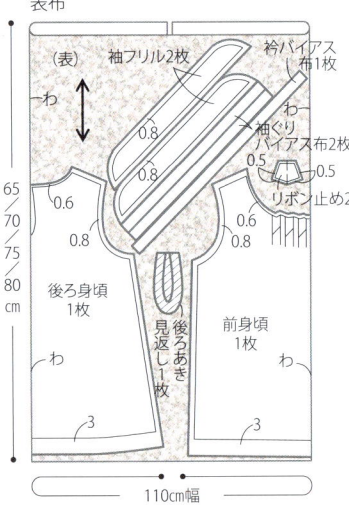

袖フリル2枚
（表）
衿バイアス布1枚
わ
袖ぐりバイアス布2枚
0.8
0.8
0.5 / 0.5
リボン止め2枚
0.6
0.8
0.6
0.8
後ろ身頃1枚
後ろあき見返し1枚
前身頃1枚
わ
65/70/75/80cm
わ
110cm幅

1 布を裁断し、縫い代のアイロン処理

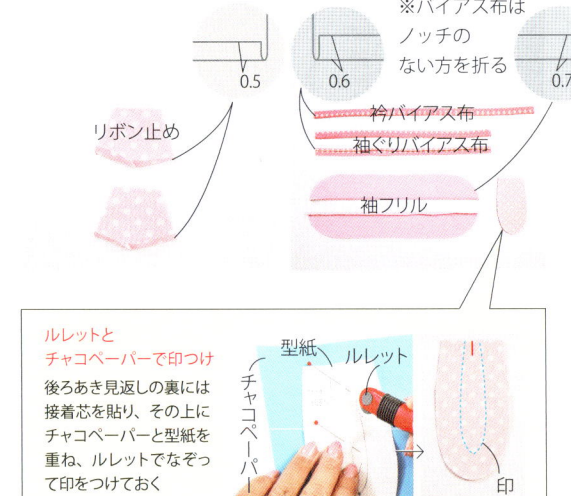

【裾】
前身頃（裏）
後ろ身頃（裏）
1.5

裁ち方図を参照し、型紙の周囲に縫い代をつけて布を裁つ。2 を参照して前身頃にタックの印をつける。前身頃・後ろ身頃の裾をアイロンで完全三つ折りの折り目をつける。リボン止めの下側、衿バイアス布と袖ぐりバイアス布の片側、袖フリルの袖口の縫い代を二つ折りにしておく。

0.5
0.6
※バイアス布はノッチのない方を折る
0.7
リボン止め
衿バイアス布
袖ぐりバイアス布
袖フリル

ルレットとチャコペーパーで印つけ
後ろあき見返しの裏には接着芯を貼り、その上にチャコペーパーと型紙を重ね、ルレットでなぞって印をつけておく
型紙　ルレット　チャコペーパー　印

2 前身頃のタックを縫う

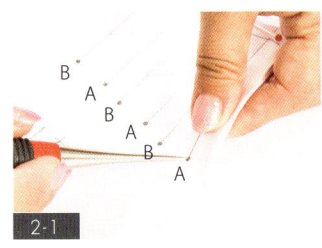

2-1
前身頃のタック位置（A・B 両方）に目打ちで穴をあけて印をつける。

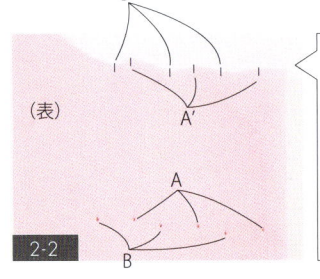

B'
（表）
A'
A
A'
A
B
2-2
（表）
A
A'
目打ちでつけた印 A と型紙のノッチ A'（型紙の斜線の高い方）のラインを折山にして二つ折りにし、アイロンで折り目をつける。

Point
リボンの端はほつれやすいのでピケを塗り、切り込みより長めに残しておく。

前中心
B' A'A' A'A' A'A' ↓ A'A' A'A' A'A' A'B'
（表）
B A B A B A A B A B A B
2-3
タックの折山（AA' のライン）に折り目がついたところ。その間の BB' の印（型紙の斜線の低い方）はあけておく。

3 後ろあきのリボンをつける

4 後ろあきの始末

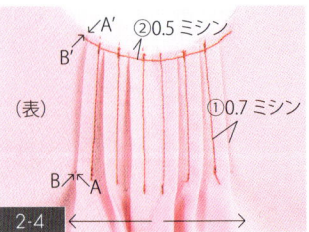

A'
②0.5 ミシン
B'
（表）
①0.7 ミシン
B
A
2-4
タックの折山を二つ折りして 0.7cm 幅で縫う。AA' の折山を BB' のラインに重ねてタックを矢印方向に倒し、衿ぐり側をミシンで縫って仮止めする。

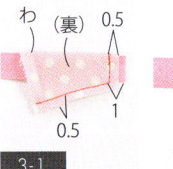

わ　0.5
（裏）
1
0.5
（表）
コバステッチ
3-1
リボン止めを中表に折り、間にリボンを挟んで写真のように縫う。
表に返して縫い代を内側に折り込み、コバステッチをかける。

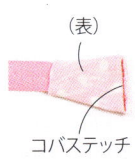

1 あける　　3 切り込み
0.5
0.2 ミシン　後ろ身頃（表）
3-2
後ろ中心に 3cm の切り込みを入れて、リボンの根元を縫いつける。

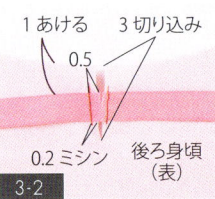

見返し（裏）
0.5
4-1
布端から 0.5cm の位置にヘラで折り目をつける。

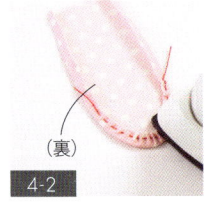

（裏）
4-2
アイロンで縫い代を 0.5cm 折る。カーブは縫い代をぐし縫いして糸を絞る（折り目をつけたら糸を取り除く）。

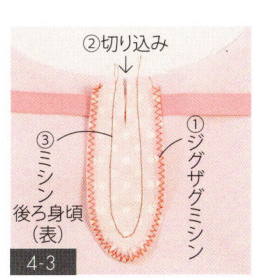

② 切り込み
① ジグザグミシン
③ ミシン
後ろ身頃（表）

4-3

見返し端を二つ折りしたまま
ジグザグミシンで始末し、後ろ
中心に中表に合わせて見返し
にも約 3cm の切り込みを入
れ、あき口のラインを縫う。

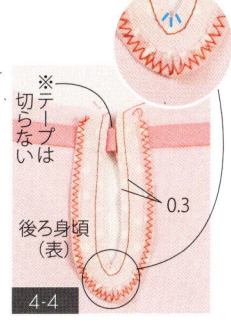

※テープは切らない
0.3
後ろ身頃（表）

4-4

縫い代を 0.3cm 残して
あき口を切り抜く。カー
ブのくぼみは 3ヵ所切
り込みを入れる。

後ろ身頃（表）
コバステッチ

4-5

見返しを裏側に返して、
アイロンで形を整え、
あき口の際にコバス
テッチをかける。

5 肩を縫う

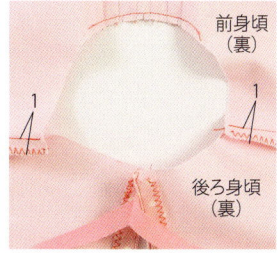

前身頃（裏）
後ろ身頃（裏）
1
1

前身頃と後ろ身頃を中表に合わ
せて肩を縫い、縫い代を 2 枚一
緒にジグザグミシンで始末する。
縫い代は後ろ側に片返しにする。

6 衿ぐりの始末

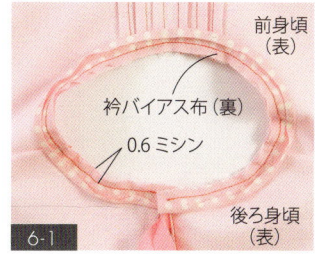

前身頃（表）
衿バイアス布（裏）
0.6 ミシン
後ろ身頃（表）

6-1

身頃の衿ぐりに衿バイアス布を中表
に合わせ、端から 0.6cm のところを
縫う。

①
②
③

6-2

衿バイアス布で縫い代をくる
む。両端は写真の①〜③の順に折
る。

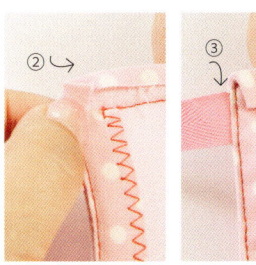

前身頃（裏）
後ろ身頃（裏）
コバステッチ
少し控える

6-3

衿バイアス布の折山の
際をコバステッチで押
さえる。

7 フリルの端を三巻縫いする

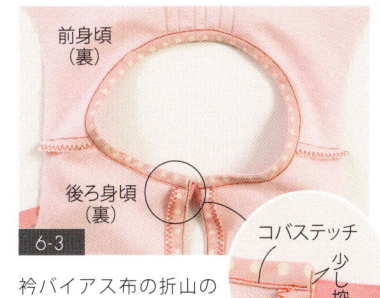

フリル（裏）
袖口
（裏）
0.7 折る
コバステッチ

7-1

袖口を 0.7cm 折り、コバステッ
チで押さえる。

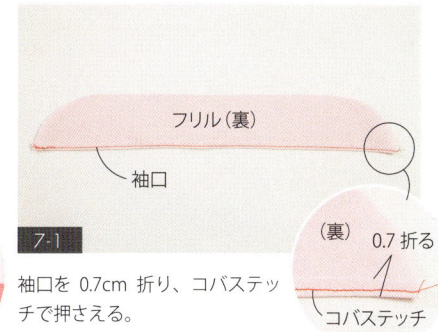

身頃（表）
0.8 ミシン
フリル（裏）
0.5
1.2
三巻縫い

8 フリルにギャザーを寄せて身頃につける

（裏）

7-2

ステッチのギリギリのと
ころで余分な縫い代を
カットする。

（裏）

7-3

7-2 の裁ち端を内側に
してさらに 1 回折りなが
ら、縫い目の真上を縫う。

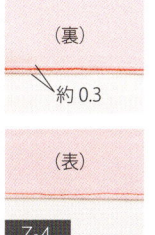

（裏）
約 0.3
（表）

7-4

三巻縫いのでき
上がり。

8-1

フリルの袖ぐり側
に粗ミシンを 2 本
かける（P28 参照）。

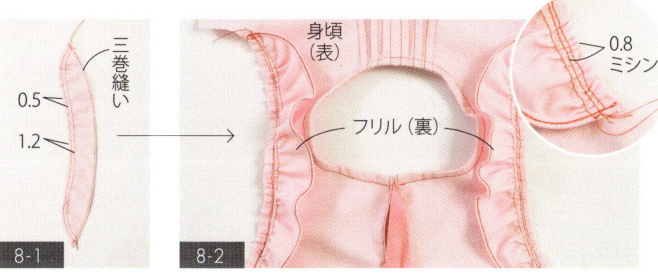

8-2

身頃とフリルを中表にして合印を合わ
せ、ギャザーを寄せ、端から 0.8cm の
ところを縫う。縫い代は 0.6cm に切
りそろえ、粗ミシンの糸を抜く。

9 袖ぐりをバイアス布で始末

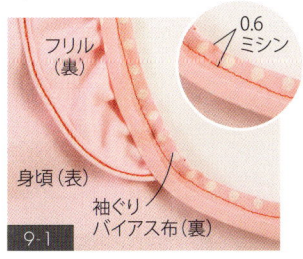

フリル（裏）
身頃（表）
袖ぐりバイアス布（裏）
0.6 ミシン

9-1

身頃と袖ぐりバイアス布を中表に
合わせて端から 0.6cm のところ
を縫う。

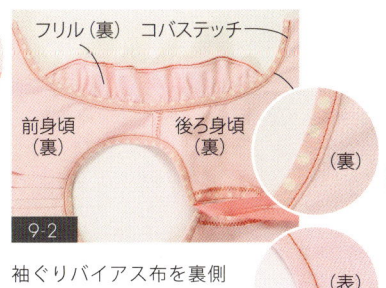

フリル（裏）
コバステッチ
前身頃（裏）
後ろ身頃（裏）
（裏）
（表）

9-2

袖ぐりバイアス布を裏側
に返して縫い代をくるみ、
コバステッチで押さえる。

10 脇を縫い、裾を三つ折り縫い

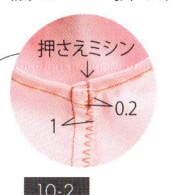

後ろ身頃（表）
前身頃（裏）
1

10-1

身頃を中表に合わせて両
脇を縫い、縫い代を 2
枚一緒にジグザグミシン
で始末する。

押さえミシン
1
0.2

10-2

縫い代を後ろ側に倒し、
脇の縫い代に押さえミシ
ンをかける。

（裏）
コバステッチ
後ろ身頃（表）

10-3

裾を三つ折りしてコバス
テッチをかける。

Smock, Camisole & One-piece
I-1
ギャザーキャミソール

1枚で着ても、インナーを合わせても
いろいろな着こなしが楽しめるキャミソール。
首まわりのカットが深すぎないので
上品に着こなすことができます。
後ろボタンあきで頭入れもスムーズ。
布端がすべて包まれる作りなので、
裏側もきれいで丈夫に仕上がります。
How to make P.57

Smock, Camisole & One-piece
1-2
ギャザーチュニック

胸元の切替がポイントのチュニックワンピース。
丈を伸ばせば改まったシーンでも活躍します。
難しく感じる袖つけはギャザーでごまかせるので意外に簡単。
表に出るステッチを極力抑えたので
ベロアやコーデュロイなど毛足のある布地も使えます。
脇の縫い目を利用したシームポケットがつけられます。
How to make P.54 (Lesson9)

リボンバッグ

端切れで作れる小さなリボンバッグです。
裏布つきの上質な仕立ては布端処理がいらないので
短時間できれいに作ることができます。
中身がこぼれにくいように袋口部分はマグネットボタンをつけて。
肩ひもの長さはお子様に合わせて調節して下さい。
How to make P.108

I-2

ギャザーチュニック

（P.53） 実物大型紙C面

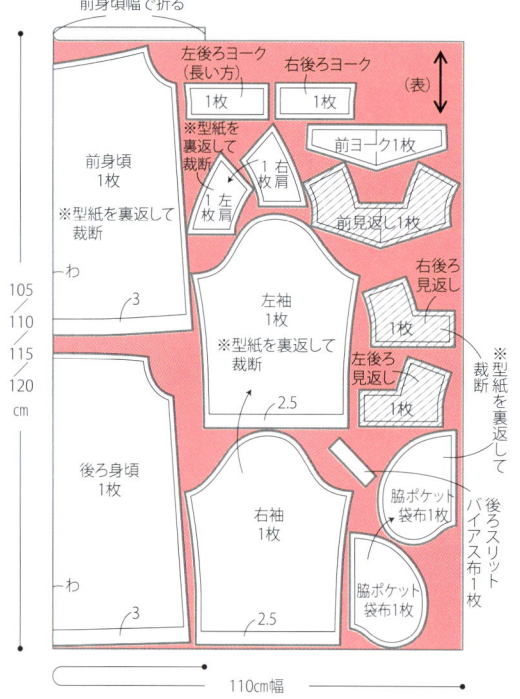

表布

前身頃幅で折る

左後ろヨーク（長い方）1枚
右後ろヨーク 1枚
※型紙を裏返して裁断
前ヨーク1枚
前身頃 1枚
※型紙を裏返して裁断
右肩布 1枚
左肩布 1枚
前見返し1枚
右後ろ見返し 1枚
左後ろ見返し 1枚
左袖 1枚
※型紙を裏返して裁断
後ろ身頃 1枚
右袖 1枚
脇ポケット袋布1枚
脇ポケット袋布1枚
後ろスリットバイアス布1枚
※型紙を裏返して裁断

わ 3
わ 3
2.5
2.5
105/110/115/120 cm
110cm幅

裁ち方図
※布の表面に型紙を配置して裁断する
※指定以外の縫い代は1cm
※用尺は上から 100/110/120/130 cm
※斜線部分（前見返し・後ろ見返し）の裏に接着芯を貼る

材料
※用尺は左から 100/110/120/130 cmサイズ
表布（ピンクのリネン）110 cm幅 ×105/110/115/120 cm
接着芯…30×30 cm（共通）
直径1 cmボタン…2個
幅 0.3 cmサテンリボン…3.5 cmを2本
幅 1 cm伸び止めテープ…適宜

縫い方順序
1　布を裁断し、縫い代のアイロン処理
2　ヨークと見返しを縫い合わせる
3　脇シームポケットをつける
4　後ろスリットあきを作る
5　身頃にギャザーを寄せてヨークをつなげる
6　見返しを身頃にまつる
7　両脇を縫う
8　袖を作る
9　身頃に袖をつける
10　身頃の裾と袖口の始末
11　ボタンをつける

1 布を裁断し、縫い代のアイロン処理

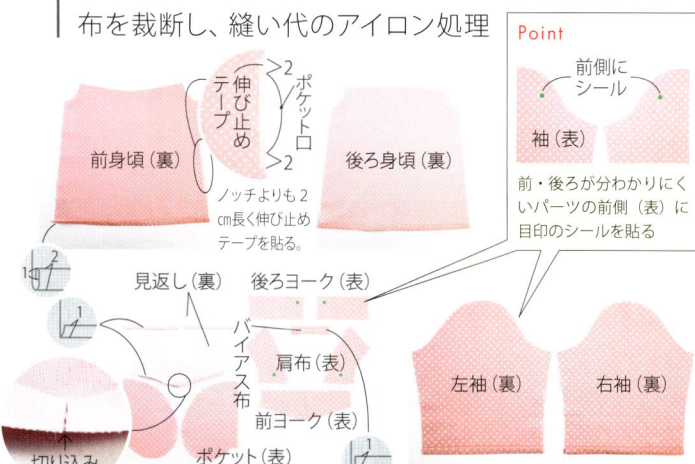

伸び止めテープ
2
2
ポケット口テープ
前身頃（裏）
後ろ身頃（裏）
ノッチよりも2cm長く伸び止めテープを貼る。
見返し（裏）
後ろヨーク（表）
バイアス布
肩布（表）
前ヨーク（表）
切り込み
ポケット（表）
左袖（裏）
右袖（裏）

Point
前側にシール
袖（表）
前・後ろが分かりにくいパーツの前側（表）に目印のシールを貼る

型紙に縫い代をつけて布を裁ち、ノッチを入れる。前・後ろ身頃の裾と袖口をアイロンで三つ折りにする。接着芯を貼った前・後ろ見返しの下側の縫い代と、後ろスリットバイアス布の長辺の片側をアイロンで二つ折りにしておく。

2 ヨークと見返しを縫い合わせる

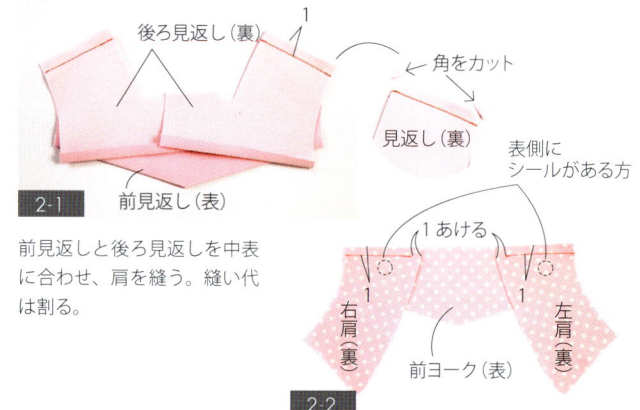

後ろ見返し（裏） 1
角をカット
見返し（裏）
前見返し（表）

2-1
前見返しと後ろ見返しを中表に合わせ、肩を縫う。縫い代は割る。

表側にシールがある方
1あける
右肩（裏）
前ヨーク（表）
左肩（裏）
1

2-2
前ヨークと肩布を中表に合わせて縫う（衿ぐり側は1cmあけて縫い、縫い始めと終わりは返し縫い）。

1あける
1
後ろ右ヨークにはリボンをループ状にして縫い止めておく。
後ろヨーク（表）
肩布（裏）
1
0.5 ミシン
前ヨーク（裏）
テープで仮止め

2-3
肩布と後ろヨークを中表に合わせて縫う（衿ぐり側は1cmあけて縫い始めと終わりは返し縫い）。

見返し（表）
縫う
1
ヨーク（裏）

2-4
見返しとヨークを中表に合わせ、前ヨークの衿ぐり側を印から印まで縫う（肩布の縫い代を縫い込まないように除ける）

1 1
1 1

2-5
肩布の衿ぐり側、後ろヨークの衿ぐり側を、2-4と同様に印から印まで縫う（縫い代は除ける）。縫い代は矢印の方向に片返しにする。

約1cm間隔
0.2
①切り込み
②
見返し（裏）

2-6
衿ぐりの角4ヵ所は、見返しのみに切り込み（①）を入れ、肩布の縫い代には見返しも一緒に1cm間隔で切り込み（②）を入れる（縫い目の0.2cm手前まで）。

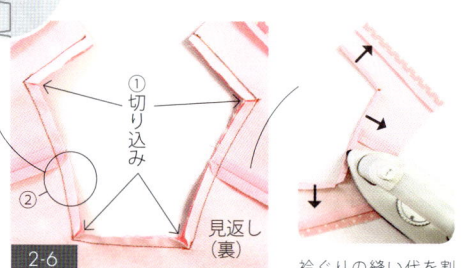

衿ぐりの縫い代を割り、ヨーク側と見返し側にそれぞれ倒す。

3 脇シームポケットをつける

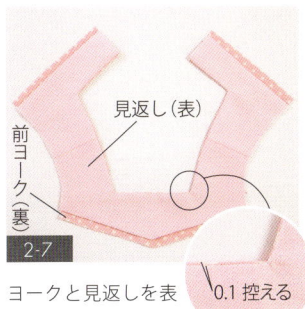

前ヨーク（裏）　見返し（表）　前ヨーク（裏）　0.1控える

ヨークと見返しを表に返し、見返しを 0.1 cm控えてアイロンをかける。

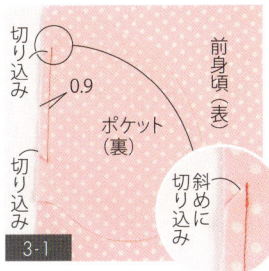

切り込み　0.9　前身頃（表）　ポケット（裏）　切り込み　斜めに切り込み

前身頃の右脇にポケット 1 枚を中表に合わせて、ポケット口の印から印まで縫い、印に向かって斜めに切り込みを入れる。

（表）　0.1控える　前身頃（裏）　ポケット（裏）　0.6ステッチ

ポケットを身頃の裏に返してポケット口に 0.6 cm幅のステッチをかけ、もう 1 枚のポケットを中表にぴったり重ねてまち針で止める。

返し縫い　前身頃（表）

3-2 のステッチの端から縫い代の端まで、3〜4 回しっかり返し縫いをする。

②ジグザグミシン　①ミシン　前身頃（裏）　ポケット（裏）

身頃を除けて、ポケット 2 枚の脇側以外をミシンで縫い、縫い代をジグザグミシンで始末する。

4 後ろスリットあきを作る

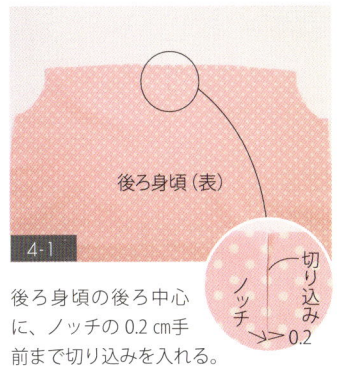

後ろ身頃（表）　ノッチ　切り込み　0.2

後ろ身頃の後ろ中心に、ノッチの 0.2 cm手前まで切り込みを入れる。

バイアス布（裏）　後ろ身頃（表）

後ろ身頃の切り込みとバイアス布を中表に重ね、まち針で止める。

バイアス布（裏）　0.2　後ろ身頃（表）

端から 0.2 cmのところを縫う。

バイアス布（表）　コバステッチ　1　4-3の縫い目　後ろ身頃（裏）　後ろ身頃（裏）

バイアス布を表に返して 1 cm幅になるように折り、裏からコバステッチで押さえる。

中表　後ろ身頃（表）　ミシン　わ

後ろ身頃を中表にぴったり半分に折り、バイアス布の中心（折り山）を斜めに縫う。

5 身頃にギャザーを寄せてヨークをつなげる

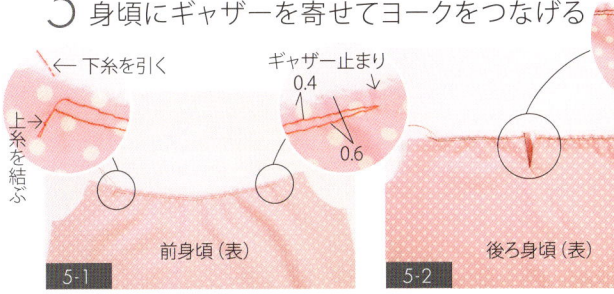

←下糸を引く　ギャザー止まり　0.4　0.6　上糸を結ぶ　前身頃（表）

前身頃に粗ミシンを 2 本かける。薄手の生地の場合はこのように縫い代の中に 2 本かける。距離が短い場合はギャザー止まりで折り返す。

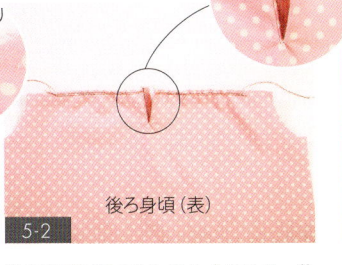

後ろ身頃（表）

後ろ身頃に粗ミシンを 2 本かける。後ろあきのバイアス布を左側は伸ばしたまま、右側のみ折り（矢印の方向に）、粗ミシンをかける。

前ヨーク（表）　前身頃（表）

前ヨークに合わせて、粗ミシンの下糸を引いてギャザーを寄せる。

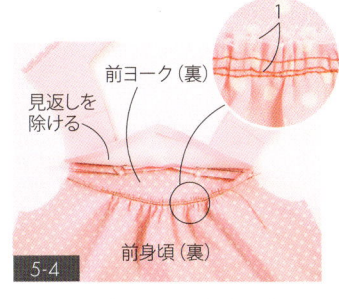

1　前ヨーク（裏）　見返しを除ける　前身頃（裏）

前身頃と前ヨークを中表に合わせ（ノッチも合わせる）、端から 1 cmのところを縫う（見返しは除ける）。

後ろヨーク（裏）　後ろ身頃（裏）

後身頃のギャザーを寄せ、後ろヨークを中表に合わせて 5-4 と同様に縫う。

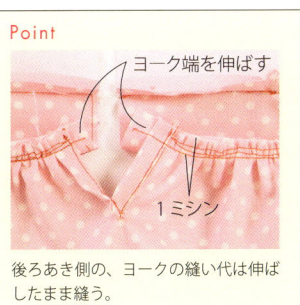

Point

ヨーク端を伸ばす　1 ミシン

後ろあき側の、ヨークの縫い代は伸ばしたまま縫う。

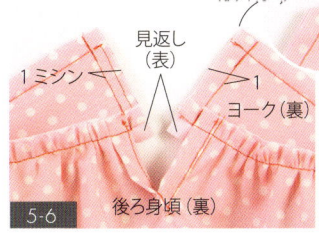

1 ミシン　見返し（表）　1　ヨーク（裏）　後ろ身頃（裏）

後ろヨークと後ろ見返しを中表に合わせて、後ろあき側を縫う。

角の縫い代をカット

縫い代を内側にアイロンで折ってから、後ろ見返しを表に返す。

6 見返しを身頃にまつる

スリットあき側の縫い代を折ってから身頃側の縫い代を折る

6-1 後ろ見返しの縫い代を折り、後ろ身頃の縫い代にかぶせてまち針で止める。

6-2 前見返しも同様に縫い代を折り、身頃の裏にまち針で止める。

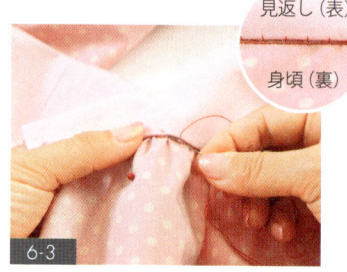

見返し（表）
身頃（裏）

6-3 見返しをまつり縫い（P97参照）で身頃に縫い止める。

7 両脇を縫う

後ろ身頃（表）
前身頃（裏）

注意！
脇縫いの時にポケット口を縫い込まないように指で確認しながら縫う

後ろ身頃（表）
脇
ポケット口
前身頃（表）

前身頃と後ろ身頃を中表に合わせて両脇を縫い、縫い代をジグザグミシンで始末する。縫い代は後ろ側に片返しにする。

8 袖を作る

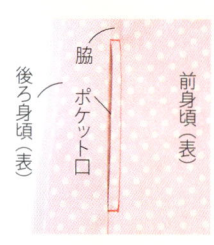

0.4　0.6

右袖（表）

8-1 袖山に粗ミシンを2本かける（P55-5参照）。上糸端は玉結びし、下糸を引いてギャザーを寄せる。

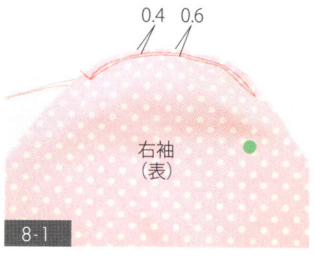

前側のシール
右袖（裏）

8-2 袖下を中表に合わせて縫い、縫い代をジグザグミシンで始末する。縫い代は前側に片返しにする。袖口側は縫い代を反対側に折る（P21参照）。

9 身頃に袖をつける

Point 2
ギャザー部分は目打ちを使って均等に寄せながら縫う

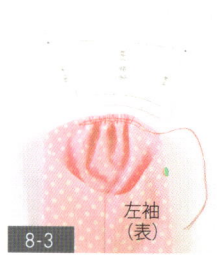

左袖（表）

8-3 肩布の型紙の合印に合わせて、袖山の糸を引きギャザーを寄せる。

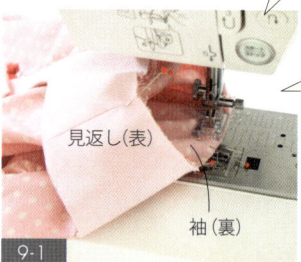

見返し（表）
袖（裏）

Point 1
下側になる縫い代の角は布用のりで固定する

9-1 身頃の中に袖を入れて中表に合わせてまち針で止め、内側を見ながら袖ぐりを縫う。

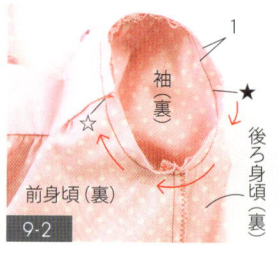

袖（裏）
前身頃（裏）
後ろ身頃（裏）
1

9-2 後ろ身頃の見返しの下（★印）から縫い始め、袖下は2重に縫って前身頃の見返しの下（☆印）まで縫う（★-☆間が2重に縫われる）。

前身頃（裏）
袖（裏）

9-3 袖の縫い代はジグザグミシンで始末し、袖側に片返しにする。

10 身頃の裾と袖口の始末

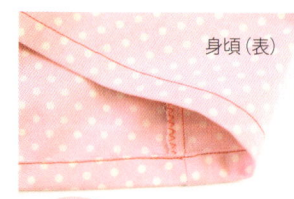

身頃（表）

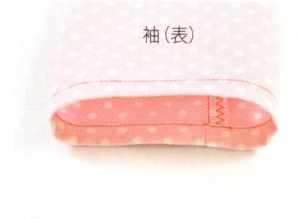

袖（表）

コバステッチ

身頃の裾と袖口を三つ折りしてコバステッチをかける。縫い始めと縫い終わりは重ね縫いをする（P15参照）。

11 ボタンをつける

ボタンをつける（P97参照）。

Point
袖ぐりのようにアイロンがかけにくい部分の縫い代は、下に手を添えながら手ぐし（爪で布をしごいて折り目をつける）で片返しにする。

Process

I-1

ギャザーキャミソール

（P.52） 実物大型紙 C 面

材料

※用尺は左から 100/110/120/130cm サイズ
表布（ストライプ柄のリネン）110cm 幅 ×55/60/65/70cm
接着芯（裏肩・前見返し・後ろ見返し分）90cm 幅 ×30cm
直径 1cm ボタン…2 個

縫い方順序

1　布を裁断し、縫い代のアイロン処理をする
2　表肩と裏肩を縫い合わせる
3　後ろヨーク・見返しと肩を縫い合わせる
4　前ヨーク・見返しと肩を縫い合わせる
5　袖ぐりをバイアス布で始末する
6　後ろスリットあきを作る（P.55-4 参照）
7　身頃にギャザーを寄せてヨークをつなげる
8　ヨークにステッチをかける
9　両脇を縫い折り伏せ縫いで始末する（P.22-2・3 参照）
10　身頃の裾を始末する（P.56-10 参照）
11　糸ループ、ボタンをつける

裁ち方図

※指定以外の縫い代は 1cm
※用尺は上から 100/110/120/130cm サイズ
※斜線部分（前見返し・後ろ見返し・裏肩）の裏に接着芯を貼る

表布

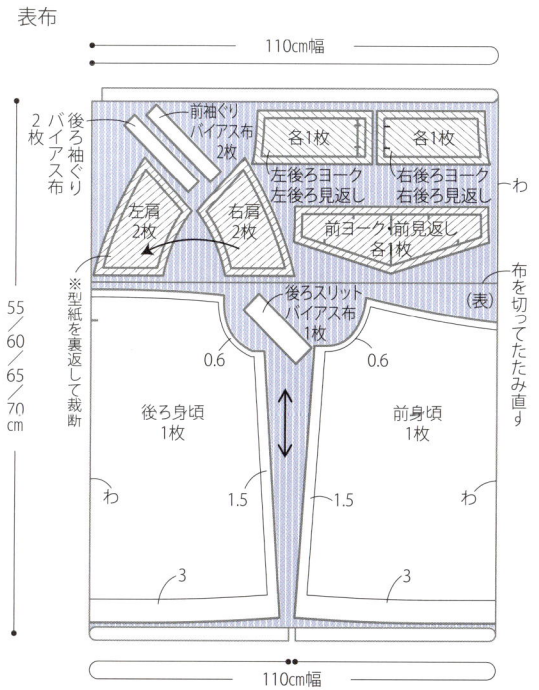

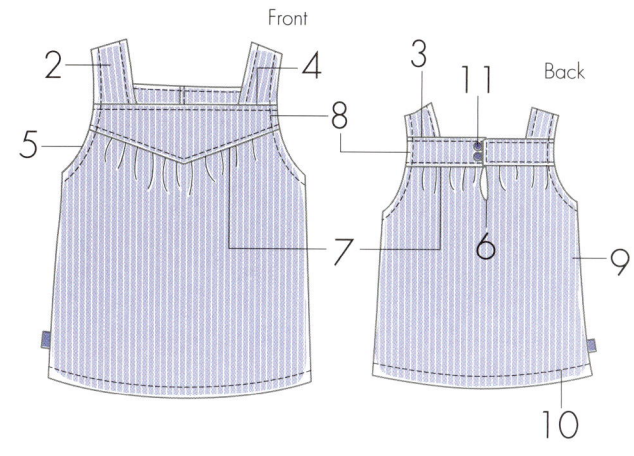

1　布を裁断し、縫い代のアイロン処理をする

指定パーツに接着芯を貼り、各パーツをアイロンで折る

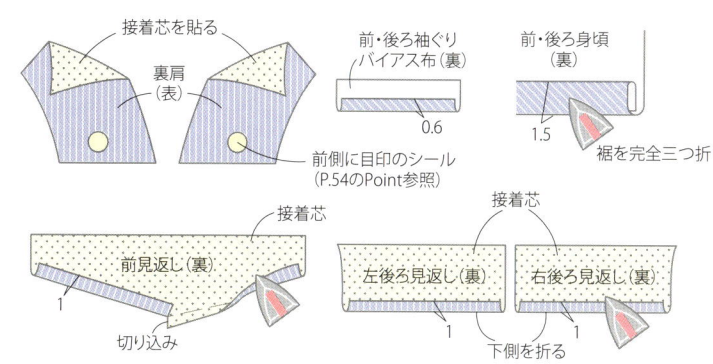

2　表肩と裏肩を縫い合わせる

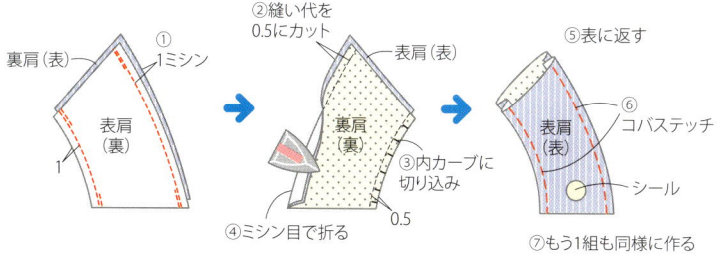

3　後ろヨーク・見返しと肩を縫い合わせる

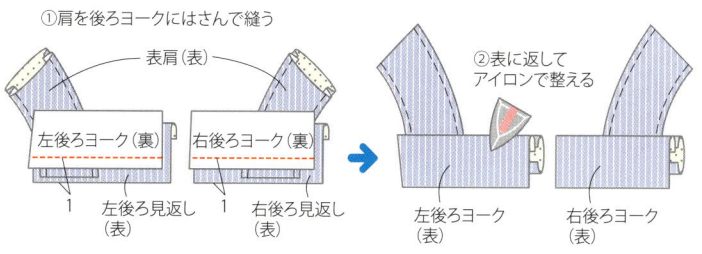

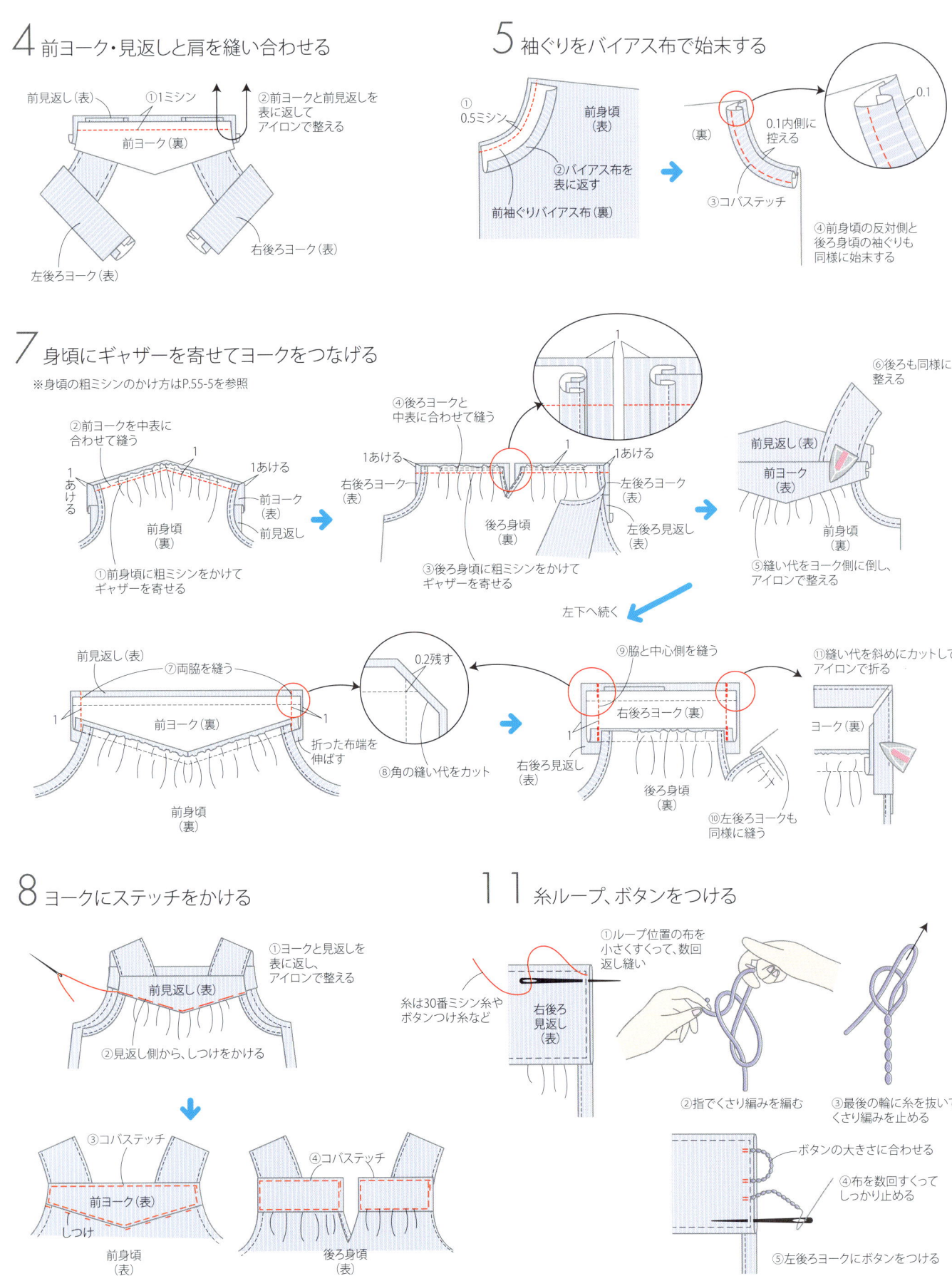

4 前ヨーク・見返しと肩を縫い合わせる

前見返し（表）　①1ミシン
②前ヨークと前見返しを
表に返して
アイロンで整える
前ヨーク（裏）
左後ろヨーク（表）
右後ろヨーク（表）

5 袖ぐりをバイアス布で始末する

①
0.5ミシン
前身頃（表）
②バイアス布を
表に返す
前袖ぐりバイアス布（裏）
（裏）
0.1
0.1内側に
控える
③コバステッチ
④前身頃の反対側と
後ろ身頃の袖ぐりも
同様に始末する

7 身頃にギャザーを寄せてヨークをつなげる

※身頃の粗ミシンのかけ方はP.55-5を参照

②前ヨークを中表に
合わせて縫う
1あける
1あける
前ヨーク（表）
1あける
前身頃（裏）
前見返し
①前身頃に粗ミシンをかけて
ギャザーを寄せる

1
④後ろヨークと
中表に合わせて縫う
1あける
右後ろヨーク（表）
1あける
左後ろヨーク（表）
後ろ身頃（裏）
左後ろ見返し（表）
③後ろ身頃に粗ミシンをかけて
ギャザーを寄せる

⑥後ろも同様に
整える
前見返し（表）
前ヨーク（表）
前身頃（裏）
⑤縫い代をヨーク側に倒し、
アイロンで整える

左下へ続く

前見返し（表）
⑦両脇を縫う
1
前ヨーク（裏）
1
折った布端を
伸ばす
前身頃（裏）

0.2残す
⑧角の縫い代をカット

⑨脇と中心側を縫う
右後ろヨーク（裏）
1
右後ろ見返し（表）
後ろ身頃（裏）
⑩左後ろヨークも
同様に縫う

⑪縫い代を斜めにカットして
アイロンで折る
ヨーク（裏）

8 ヨークにステッチをかける

①ヨークと見返しを
表に返し、
アイロンで整える
前見返し（表）
②見返し側から、しつけをかける

③コバステッチ
前ヨーク（表）
しつけ
前身頃（表）

④コバステッチ
後ろ身頃（表）

11 糸ループ、ボタンをつける

①ループ位置の布を
小さくすくって、数回
返し縫い
糸は30番ミシン糸や
ボタンつけ糸など
右後ろ見返し（表）

②指でくさり編みを編む

③最後の輪に糸を抜いて
くさり編みを止める

ボタンの大きさに合わせる
④布を数回すくって
しっかり止める
⑤左後ろヨークにボタンをつける

Shirt & Coat

J-1
プルオーバーシャツ

ボタン開きの前立てと
小さな胸ポケットがポイントのプルオーバーシャツ。
暑い季節のお出かけにおすすめのデザイン。
さらっとした薄手の布地が向いています。
前立て部分は1枚のパーツで仕立てる簡単な仕様。
後ろ身頃にタック、裾脇にはスリットがあります。
ヨークと見返しは同じ形なので見返しを
別布にすると縫い間違いも防げます。
How to make **P.62**

Shirt & Coat
J-2
切替ブラウス

男の子用の作品 J-1 をギャザー切り替えで
女の子らしくアレンジしたキュートなブラウス。
普段着としてもお出掛け用にも使えるデザインです。
これも前立て部分は
1 枚のパーツで仕立てる簡単な仕様。
ヨークと区別がしやすいように
見返しを別布にするのがおすすめです。
How to make P.102

※ギャザースカートは作品 B（P.18）を参照

J-1
プルオーバーシャツ

（P.60）　実物大型紙 B 面

材料

※用尺は左から 100/110/120/130cm サイズ
表布（カーキ色のブロード）110cm 幅 ×70/75/75/80cm
別布（リバティプリント）110cm 幅 ×20cm
接着芯（前立て分）15cm×25cm
直径 1.2cm ボタン…3 個

縫い方順序

1　布を裁断し、縫い代のアイロン処理をする
2　ポケットをつける
3　ヨークと見返しの肩を縫い、衿ぐりを縫い合わせる
4　身頃とヨーク・見返しを縫い合わせる
5　前立てを作る
6　身頃に袖をつける（P.103-6 参照）
7　袖下と脇を続けて縫い、スリットあきを作る（P.103-7 参照）
8　袖口と裾を三つ折りして縫う（P.56-10 参照）
9　ボタンホールをあけて、ボタンをつける（P.69-15 参照）

裁ち方図

※指定以外の縫い代は 1cm
※用尺は上から 100/110/120/130cm サイズ
※斜線部分（前立て）の裏に接着芯を貼る

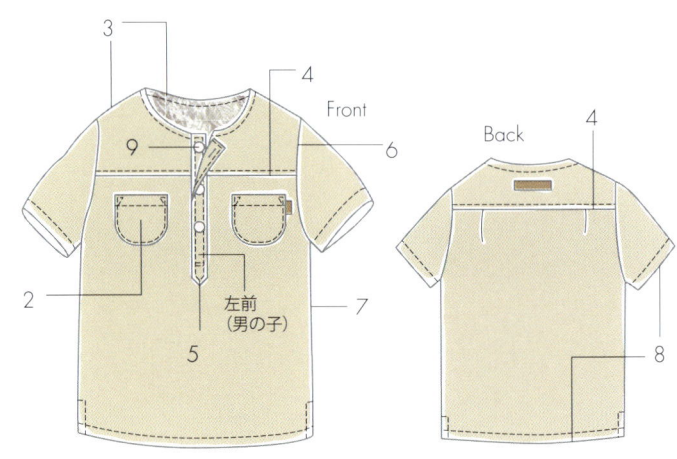

1 布を裁断し、縫い代のアイロンを処理する

前立て以外のアイロン処理はP.102を参照

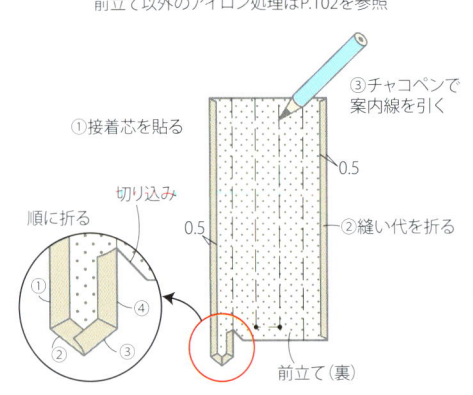

2 ポケットをつける

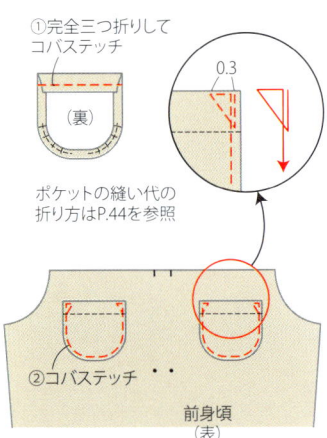

表布

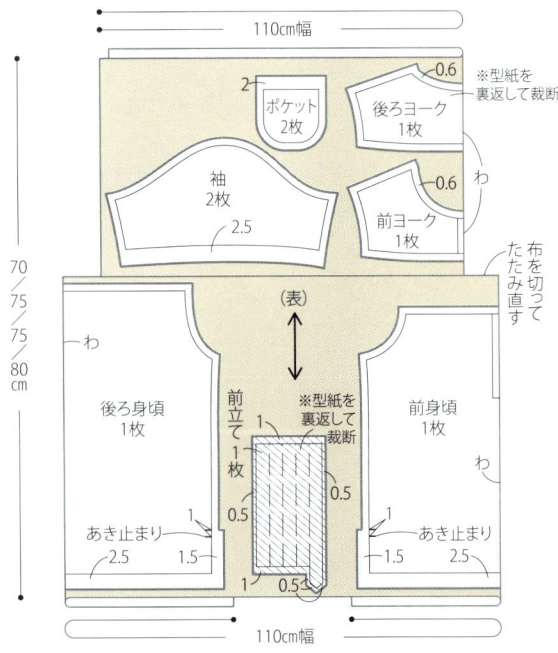

3 ヨークと見返しの肩を縫い、衿ぐりを縫い合わせる

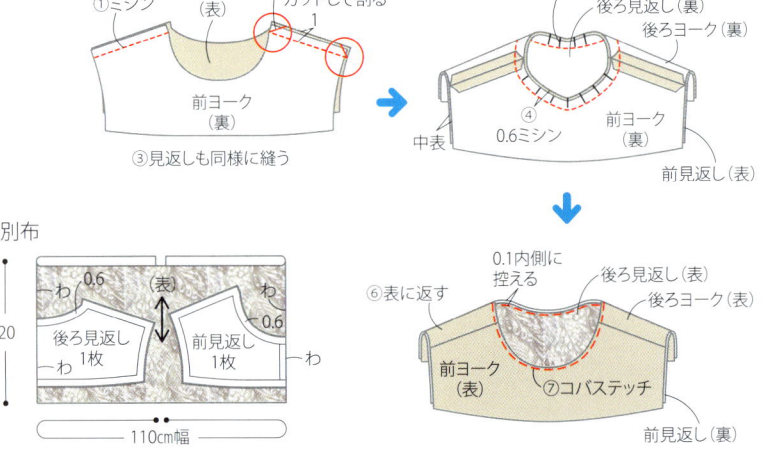

4 身頃とヨーク・見返しを縫い合わせる

①0.8ミシン　前ヨーク(表)

前身頃(裏)

前見返しをよける

後ろヨーク(表)

②前見返しを後ろから手前に返して前身頃(裏)と前見返し(表)を合わせる

①のミシン目　③1ミシン　前見返し(表)

前ヨーク(裏)

前身頃(表)

前身頃・後ろヨーク、後ろ身頃は内側によける

④ここから引き出す

⑤タックをたたみ縫い止める　0.8ミシン

0.8ミシン

後ろ身頃(表)

左下へ続く

⑥0.8ミシン

後ろヨーク(表)

後ろ見返しをよける

後ろ身頃(裏)

⑦後ろ見返しを後ろから手前に返して後ろ身頃(裏)と後ろ見返し(表)を合わせる

⑥のミシン目　⑧1ミシン　後ろ見返し(表)

後ろヨーク(裏)

前身頃、後ろ身頃は内側によける

後ろ身頃(表)

⑨ここから引き出す

⑩表に返しアイロンで整える　後ろ身頃(表)

⑫コバステッチ　後ろヨーク(表)

前ヨーク(表)

前中心

前中心にチャコペンシルで印をつける

⑪コバステッチ

前身頃(表)

5 前立てを作る

前見返し(表)

1cm

前身頃(裏)

前立て布(裏)

①案内線に沿ってミシン

②斜線部分を3枚一緒にカット

0.5

0.5

0.5

③0.2手前まで切り込み

④前立てを表に返す

前ヨーク(表)　(表)

前身頃(表)

下前側

上前側

角をきれいに出す

⑤前立ての上端を中表に合わせる

0.1出す　0.1出す

前ヨーク(表)　⑥ミシン　前ヨーク(表)

⑦0.5残してカット

左下へ続く

前ヨーク(表)

⑧前立てを表に返す

⑨コバステッチ

⑩下前側をよけてコバステッチ

裏側から見たところ

コバステッチ

下前側をよける

下前側を縫い込まないようによける

縫い始め

⑪コバステッチ

まち針で止める

3

0.5

Shirt & Coat
K-1
ステンカラーシャツ

1枚あると便利なベーシックなキッズシャツ。

シャツの基本的な作り方を学べる1枚です。

衿はいろいろな着こなしが可能なステンカラー。

カフスもついた本格的な作りにしてあります。

ヨーク部分は見返しで包まれるので

裏側もきれいに仕上がります。

見返しを別布にすると見た目もおしゃれで、

縫い間違いも防げます。

How to make P.66 (Lesson10)

Shirt & Coat
K-2
丸衿ブラウス

お出かけやセレモニーにも着ていただける上品なブラウス。
衿先と前立てにフリルをはさみ、
作品 K-1 のシャツを女の子用にアレンジした
可愛らしいデザインです。
衿腰が低いフラットカラーにカフスも付いた本格的な作りで、
シャツの基本的な作り方が学べます。
見返しを別布にするとヨークとの縫い間違いが防げるだけでなく、
見た目も可愛らしく仕上がります。

How to make **P.70**

K-1 ステンカラーシャツ

（P.64）　実物大型紙 C 面

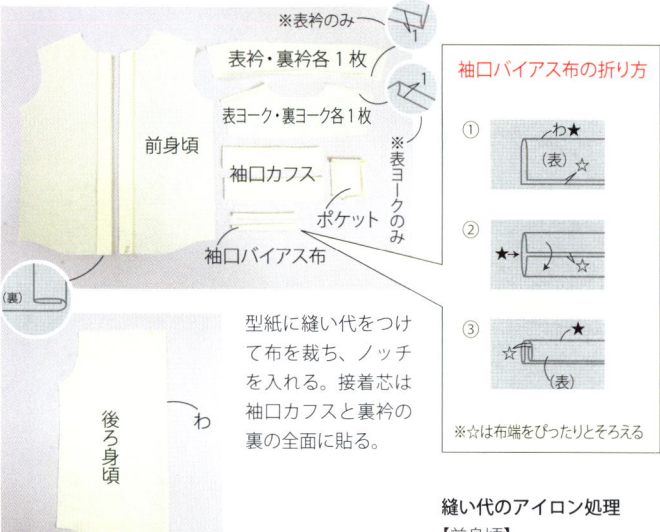

材料

※用尺は左から 100/110/120/130 cmサイズ
表布（マスタード色のブロード）
110 cm幅 ×105/110/115/120 cm
接着芯…90 cm幅 ×30 cm（共通）
直径 1.1 ボタン…7 個（共通）

縫い方順序

1　布を裁断し、縫い代のアイロン処理
2　ポケットを前身頃につける
3　前見返しの衿ぐり側と裾側の端を縫う
4　後ろ身頃にタックを入れる
5　後ろ身頃にヨークと見返しをつける
6　肩を縫う
7　衿を作る
8　衿を身頃に縫いつける
9　袖口にあきを作る
10　袖口のタックを縫う
11　身頃に袖をつける
12　袖下と両脇を縫う
13　袖口にカフスをつける
14　裾・前立て・衿にぐるりと押さえミシン
15　ボタンホールをあけてボタンをつける

裁ち方図

※布の表面に型紙を配置して裁断する
※指定以外の縫い代は 1 cm
※用尺は上から 100/110/120/130
※斜線部分（袖口カフス・裏衿）の裏に接着芯を貼る

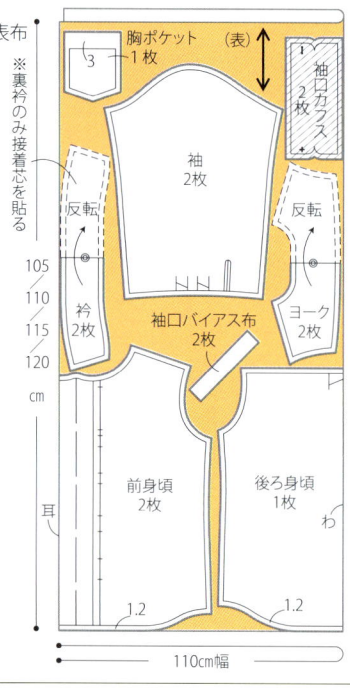

1 布を裁断し、縫い代のアイロン処理

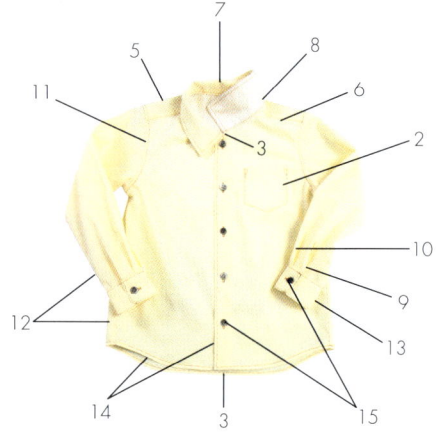

型紙に縫い代をつけて布を裁ち、ノッチを入れる。接着芯は袖口カフスと裏衿の裏の全面に貼る。

袖口バイアス布の折り方

① （表）　わ★　☆
② ★　☆
③ ☆　★　（表）

※☆は布端をぴったりとそろえる

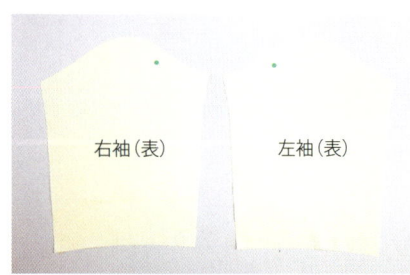

※袖は前後を間違えやすいので、前側の表に目印となるシールを貼っておく。

縫い代のアイロン処理

【前身頃】
前立てを完全三つ折り
【表衿】
衿ぐり側の縫い代を二つ折り
【表ヨーク】
肩の縫い代を二つ折り
【袖口カフス】
接着芯を貼ってから半分に折り、
さらに縫い代を折る（写真右参照）
【袖口バイアス布】
四つ折り（上図参照）
【胸ポケット】
ポケット口は 1.5 cm幅の完全三つ折り、
その他は 1 cmの二つ折り

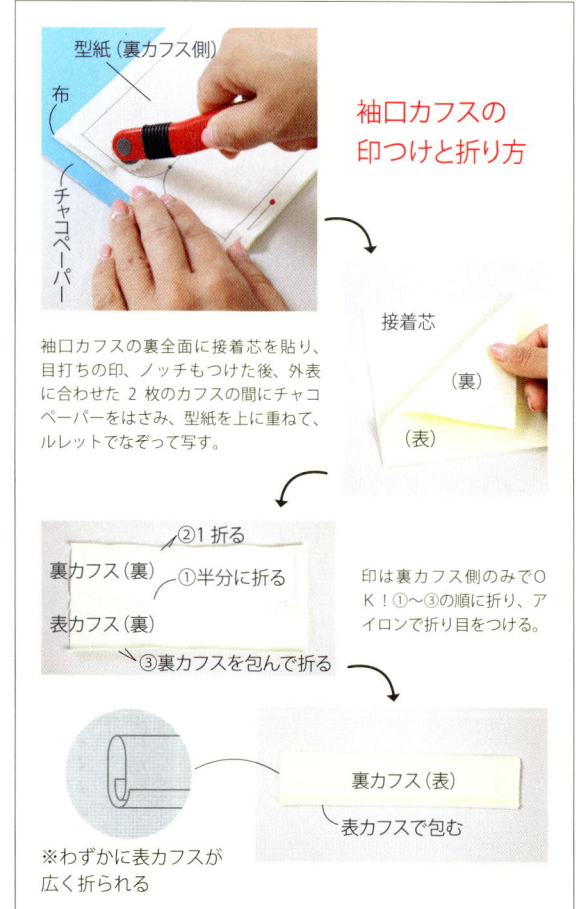

袖口カフスの裏全面に接着芯を貼り、目打ちの印、ノッチもつけた後、外表に合わせた 2 枚のカフスの間にチャコペーパーをはさみ、型紙を上に重ねて、ルレットでなぞって写す。

袖口カフスの印つけと折り方

印は裏カフス側のみでOK！①～③の順に折り、アイロンで折り目をつける。

②1 折る
①半分に折る
裏カフス（裏）
表カフス（裏）
③裏カフスを包んで折る
裏カフス（表）
表カフスで包む

※わずかに表カフスが広く折られる

2 胸ポケットを左前身頃につける

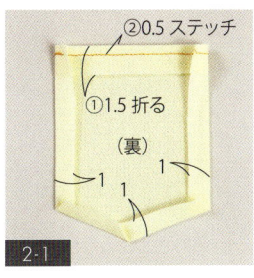

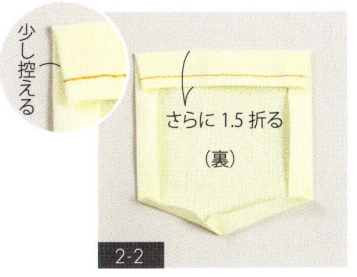

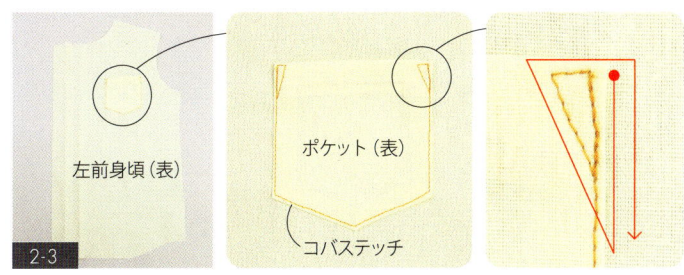

2-1 ポケット口の縫い代を 1.5 cm 折り、0.5 cm内側にステッチをかける。

2-2 ポケット口をさらに 1.5 cm折り（完全三つ折り）、角の縫い代は少し内側に控えてアイロンで押さえる。

2-3 左前身頃にポケットをコバステッチで縫いつける。

角は矢印の順に三角に縫う（返し縫いをせずに縫い始め、縫い重なった部分が 2重に縫われる）。

3 前見返しの衿ぐり側と裾側の端を縫う

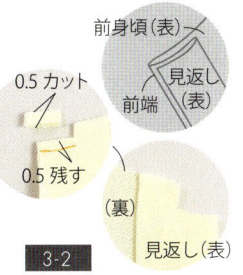

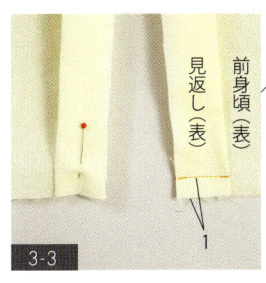

3-1 前見返しの三つ折りを図のように折り直し、衿ぐりの角を縫う（見返し幅の中央で縫い止まる）。もう一方の見返しも同様に縫う。

3-2 角の縫い代を 0.5 cmカットして見返しを裏側に返す。

3-3 前見返しの折り方は 1 と同様にして裾側の角を縫う（見返しの幅すべてを縫う）。

3-4 角の縫い代を 0.5 cm残して、上 2枚のみをカットし、見返しを裏側に返し、前立てを作る。

4 後ろ身頃のタックを縫う

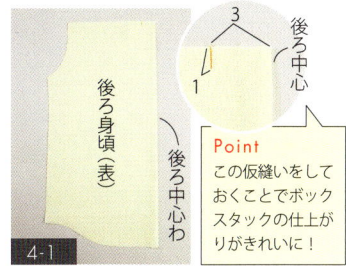

Point この仮縫いをしておくことでボックスタックの仕上がりがきれいに！

4-1 後ろ身頃を外表に半分に折り、後ろ中心から 3 cm内側をミシンで仮縫いしておく。

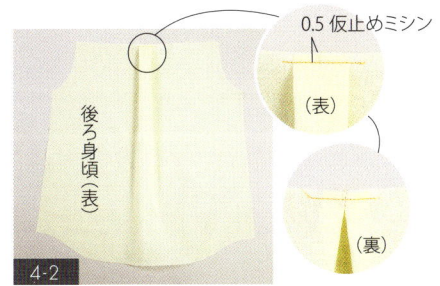

4-2 ボックスタックを開いて（仮縫いの縫い目と後ろ中心を合わせる）、0.5 cmのところをミシンで仮縫いしておく。

5 後ろ身頃に表・裏ヨークをつける ※裏ヨークは分かりやすいように別布を使用

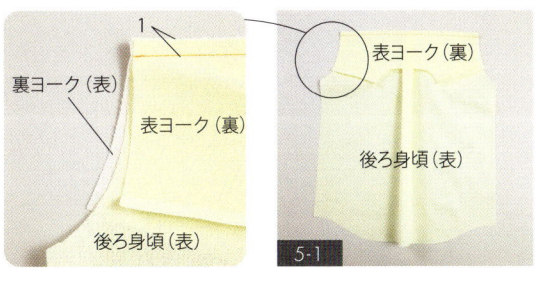

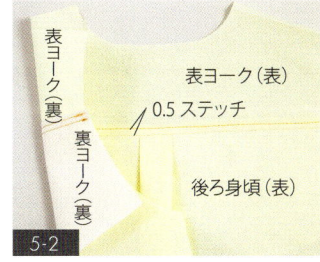

5-1 表・裏ヨークを中表に合わせ、間に後ろ身頃を挟んで縫う（後ろ身頃と表ヨークを中表にする）。

5-2 表ヨークのみを表に返し、表側から 0.5 cm幅のステッチで縫い代を押さえる。

6 肩を縫う

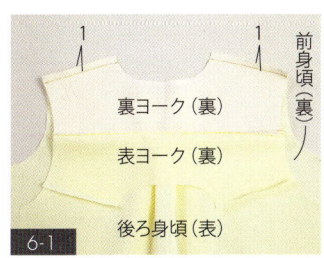

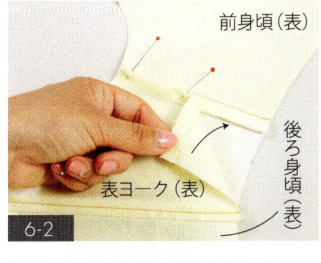

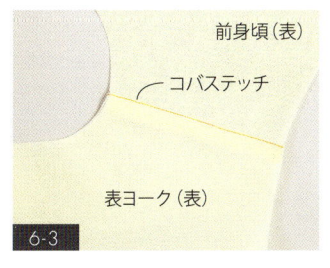

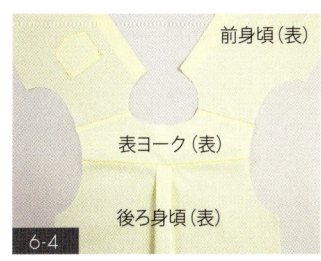

6-1 前身頃の裏と裏ヨークの表を合わせて肩を縫い、縫い代は裏ヨーク側に倒す。

6-2 表ヨークの肩の縫い代を折り、肩の縫い目にかぶせてまち針で止める。

6-3 表からコバステッチで押さえる。

6-4 反対側の肩も同様に縫う。

7 衿を作る ※裏衿は分かりやすいように別布を使用

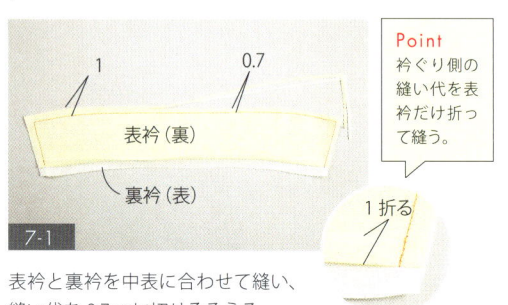

Point
衿ぐり側の縫い代を表衿だけ折って縫う。

7-1 表衿と裏衿を中表に合わせて縫い、縫い代を 0.7 cmに切りそろえる。

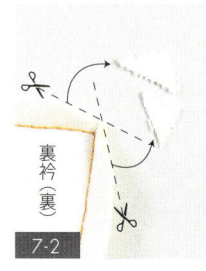

7-2 角の縫い代を 2 回に分けてカットする。

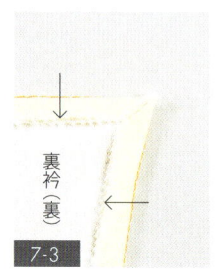

7-3 縫い代を裏衿側にアイロンで折る。

Point
角は目打ちを使って引き出す。

7-4 衿を表に返して形を整える。

8 衿を身頃に縫いつける

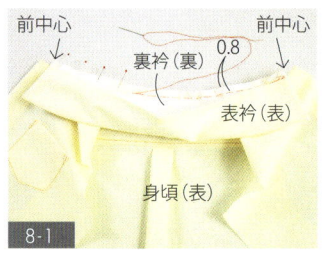

8-1 身頃と裏衿を中表に合わせ（衿の両端は前中心に合わせる）、0.8 cmのところにしつけをかける。

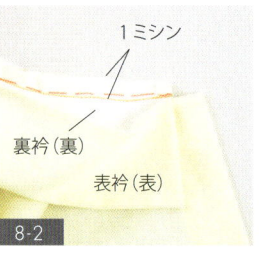

8-2 衿の端から端まで、ミシンで縫う。

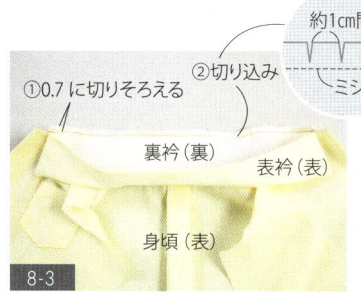

8-3 しつけをはずして、縫い代を 0.7 cm幅に切りそろえ、約 1 cm間隔で切り込みを入れる。

8-4 縫い代の上に表衿をかぶせて折山の際にしつけをかけ、しつけのすぐ横にコバステッチをかける。

9 袖口にあきを作る

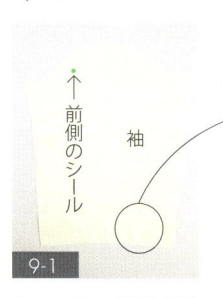

9-1 左右の袖の後側（表）にあきの印をつける（写真は左袖の場合）。

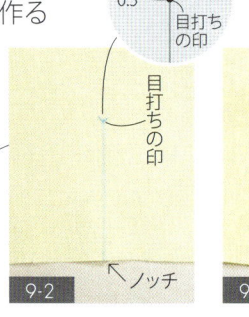

9-2 型紙上の目打ちの印とノッチを定規で結んで、チャコペンで線を書く。

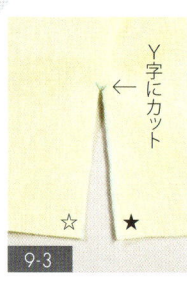

9-3 はさみで切り込みを入れて、あき止まりは Y 字にカットする。

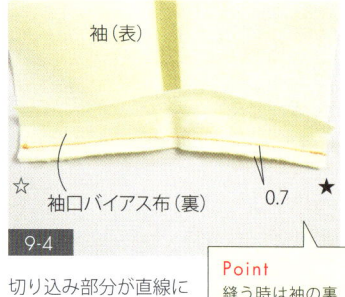

9-4 切り込み部分が直線になるように伸ばし、袖と袖口バイアス布を中表に合わせて縫う。

Point
縫う時は袖の裏（反対側）を見ながら縫う。

9-5 袖口バイアス布を表に返し、縫い代の折山を 4 の縫い目にかぶせ、コバステッチで押さえる。

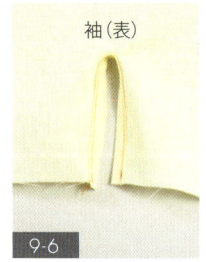

9-6 あき口のバイアス始末のでき上がり。

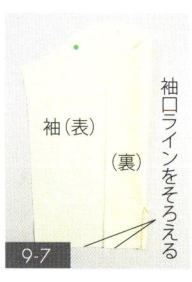

9-7 あき口のラインで縦に二つ折りして、バイアス布のわの部分を斜めに返し縫いする。

10 袖口のタックを縫う

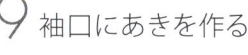

10-1 タックをたたみ（P.10 参照）、ミシンで仮止めする。この時、あき口のバイアス布の前側を矢印の方向に裏に折り、一緒に縫う。

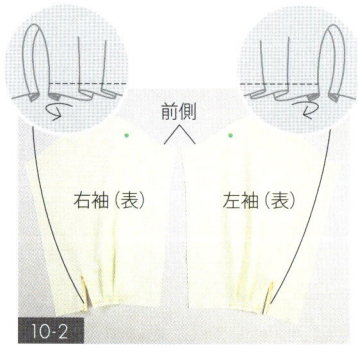

10-2 右袖も同様に縫う。あき口とタックの折りたたむ向きも逆になる。

11 身頃に袖をつける

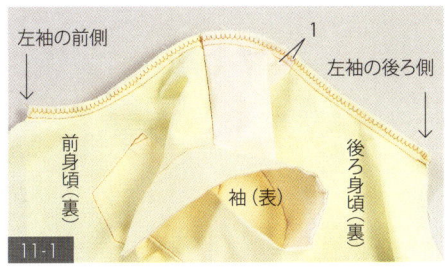

左袖の前側 →
左袖の後ろ側 ↓
前身頃（裏）
後ろ身頃（裏）
袖（表）
1

11-1

袖の上に身頃を中表に重ねて袖ぐりを縫う。縫い代は2枚一緒にジグザグミシンで始末する。

袖（表）
0.5 ステッチ
前身頃（表）

11-2

縫い代をアイロンで身頃側に片返しにして、表から縫い代を押さえるステッチをかける。

12 袖下と両脇を縫う

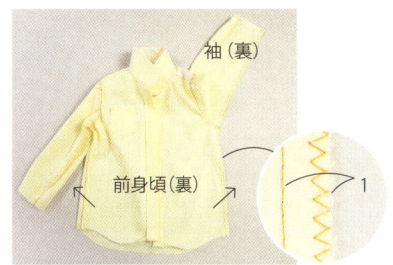

袖（裏）
前身頃（裏）
1

身頃を中表に合わせて、袖下と脇を続けて縫う。縫い代は2枚一緒にジグザグミシンで始末して後側に倒す。

13 袖口にカフスをつける

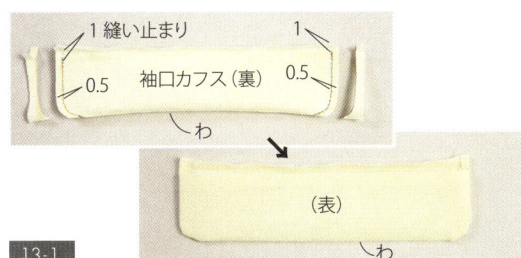

1 縫い止まり
1
0.5   袖口カフス（裏）   0.5
わ
（表）
わ

13-1

袖口カフスを中表に折ってカーブを縫い（1cm内側で縫い止まる）、両端の縫い代を0.5cm残してカット。表に返して形を整える。

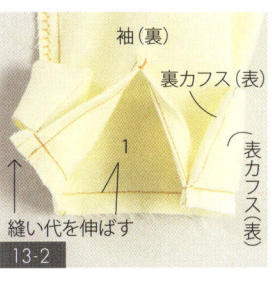

袖（裏）
裏カフス（表）
表カフス（表）
縫い代を伸ばす
1

13-2

袖の裏に裏カフスを合わせて縫う。バイアス布を折っていない方の端のみ、縫い代を伸ばして縫う。

Point
袖を内側に見ながら縫う。

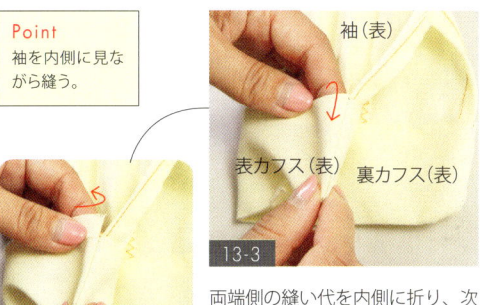

袖（表）
表カフス（表）   裏カフス（表）

13-3

両端側の縫い代を内側に折り、次に袖側の縫い代の折山を11-2の縫い目にかぶせてまち針で止める。

14 裾・前立て・衿にぐるりと押さえミシン

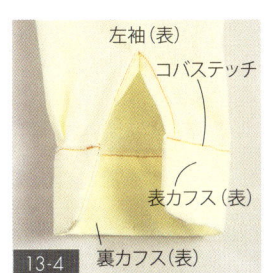

左袖（表）
コバステッチ
表カフス（表）
裏カフス（表）

13-4

カフスの袖側の折山を端から端までコバステッチで押さえる。

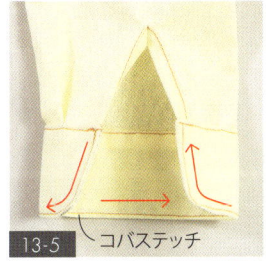

コバステッチ

13-5

カフスの袖口側の縁をコバステッチでぐるりと押さえる。

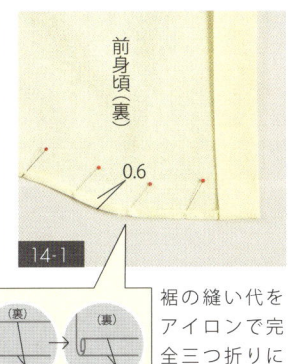

前身頃（裏）
0.6

（裏）1.2 → （裏）0.6

14-1

裾の縫い代をアイロンで完全三つ折りにしてまち針で止める。

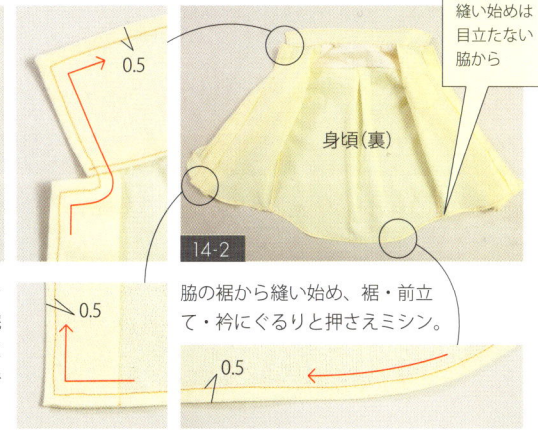

0.5
身頃（裏）
0.5
0.5

14-2

Point
縫い始めは目立たない脇から

脇の裾から縫い始め、裾・前立て・衿にぐるりと押さえミシン。

15 ボタンホールをあけてボタンをつける

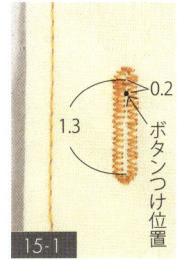

0.2
1.3
ボタンつけ位置

15-1

Point
ボタンホールの内径はボタンの直径＋厚み0.2cmに設定（ボタンホール押さえにボタンがセットできる場合は不要）

上前身頃の前中心に内径1.3cmのボタンホールステッチをかける。

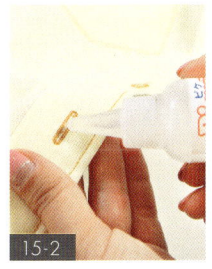

15-2

裏からほつれ止めのピケを塗る。

15-3

切りすぎないように手前にまち針を止め、カッターで穴をあける。

0.2

15-4

ボタンつけ位置は、ボタンホールの上から0.2cm下に目打ちで印をつける。

下前   上前

カフスのボタンホールとボタンも同様に！

Point
必ず試し縫いをして、目立たない一番下のボタンホールから縫うのがおすすめ！

Process

K-2

丸衿ブラウス

（P.65）　実物大型紙 C 面

Front

5
6
2・3
9
13
10
12

Back

4
11
7
8

裁ち方図

※指定以外の縫い代は 1cm
※用尺は上から 100/110/120/130cm
※斜線部分（袖口カフス・裏衿）の裏に接着芯を貼る

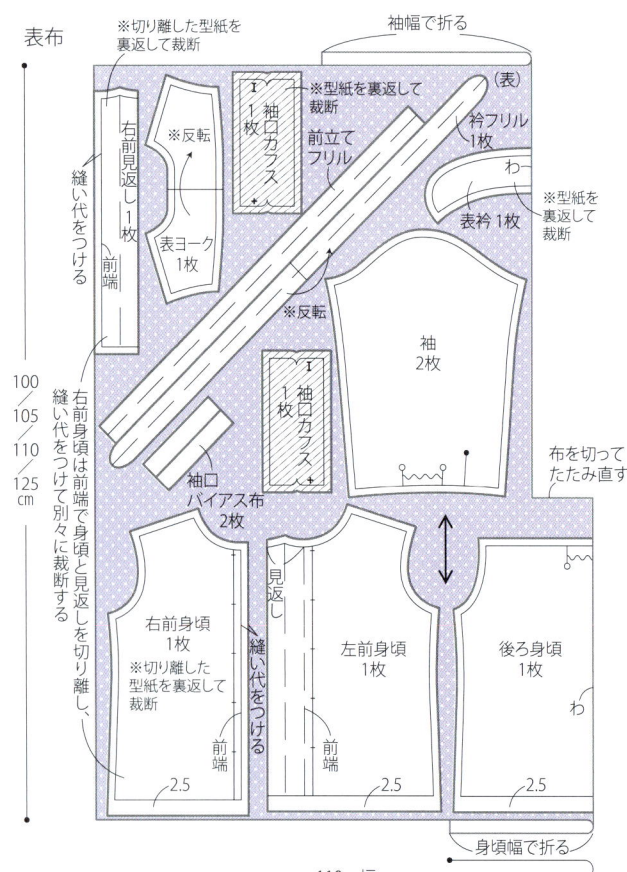

表布

※切り離した型紙を裏返して裁断
袖幅で折る
※型紙を裏返して裁断
（表）

右前見返し 1枚
袖口カフス 1枚
前立てフリル
衿フリル 1枚
わ
※型紙を裏返して裁断
表衿 1枚

縫い代をつける
前端
※反転
表ヨーク 1枚
前端

※反転
袖 2枚
布を切って
たたみ直す

袖口カフス 1枚

100/105/110/125 cm

右前身頃は前端で身頃と見返しを切り離し、縫い代をつけて別々に裁断する

袖口バイアス布 2枚

右前身頃 1枚
※切り離した型紙を裏返して裁断
前端
2.5

見返し
縫い代をつける
左前身頃 1枚
前端
2.5

後ろ身頃 1枚
わ
2.5

身頃幅で折る

110cm幅

別布

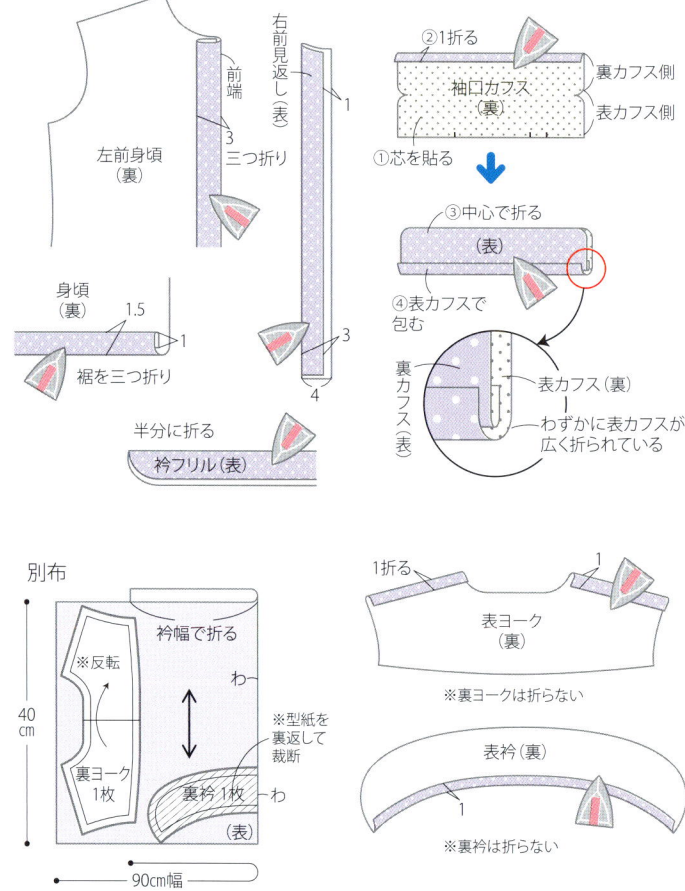

40cm

※反転
衿幅で折る
わ
裏ヨーク 1枚
※型紙を裏返して裁断
裏衿 1枚
わ
（表）

90cm幅

材料

※用尺は左から 100/110/120/130cm サイズ
表布（薄紫水玉柄のローン）110cm 幅 ×100/105/110/125cm
別布（綿ブロード）90cm 幅 ×40cm
接着芯（袖口カフス・裏衿分）60cm 幅 ×25cm
直径 1.1cm ボタン…7 個

縫い方順序

1　布を裁断し、縫い代のアイロン処理をする
2　前立てフリルを縫い、右前身頃につける
3　前身頃の前端を始末する
4　後ろ身頃にギャザーを寄せ、表・裏ヨークをつける（P.67-5 参照）
5　肩を縫う（P.67-6 参照）
6　衿に衿フリルをつけ、身頃に縫いつける
7　袖口にあきを作る（P.68-9 参照）
8　袖口にギャザーを寄せる
9　身頃に袖をつける（P.69-11 参照）
10　袖下と両脇を縫う（P.69-12 参照）
11　袖口にカフスをつける（P.69-13 参照）
12　裾を三つ折りして縫う
13　ボタンホールをあけて、ボタンをつける（P.69-15 参照）

1 布を裁断し、縫い代のアイロン処理をする

指定パーツに接着芯を貼り、各パーツの縫い代をアイロンで折る

右前見返し（表）
前端
三つ折り
左前身頃（裏）

②1折る
袖口カフス（裏）
裏カフス側
表カフス側
①芯を貼る

③中心で折る
（表）
④表カフスで包む

身頃（裏）
1.5
1
裾を三つ折り

表カフス（裏）
裏カフス（表）
わずかに表カフスが広く折られている

半分に折る
衿フリル（表）

1折る
1
表ヨーク（裏）
※裏ヨークは折らない

表衿（裏）
1
※裏衿は折らない

2 前立てフリルを縫い、右前身頃につける

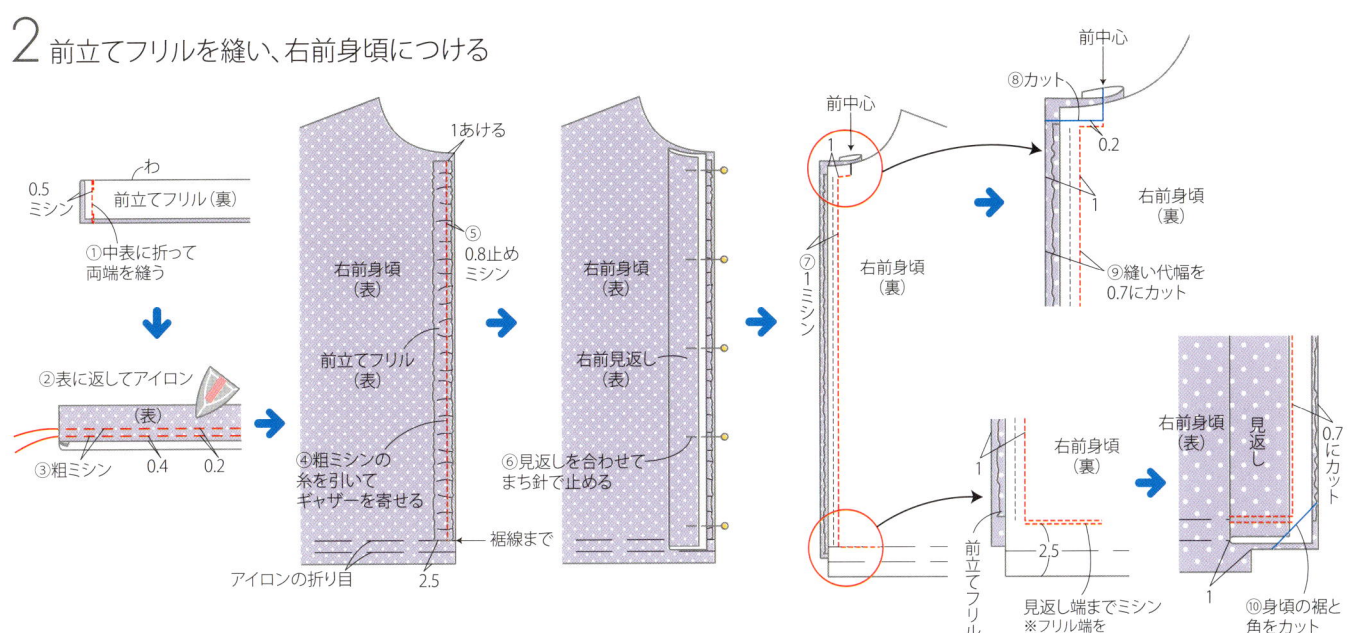

0.5ミシン
わ
前立てフリル（裏）
①中表に折って両端を縫う

②表に返してアイロン
（表）
③粗ミシン　0.4　0.2

1あける
右前身頃（表）
前立てフリル（表）
⑤0.8止めミシン
④粗ミシンの糸を引いてギャザーを寄せる
アイロンの折り目　2.5
裾線まで

右前身頃（表）
右前見返し（表）
⑥見返しを合わせてまち針で止める

前中心
⑦1ミシン
右前身頃（裏）
前立てフリル
見返し端までミシン
※フリル端を縫い込まないように注意
2.5
1

前中心
⑧カット
0.2
右前身頃（裏）
⑨縫い代幅を0.7にカット
1

右前身頃（表）
見返し
0.7にカット
⑩身頃の裾と角をカット
1

3 前身頃の前端を始末する

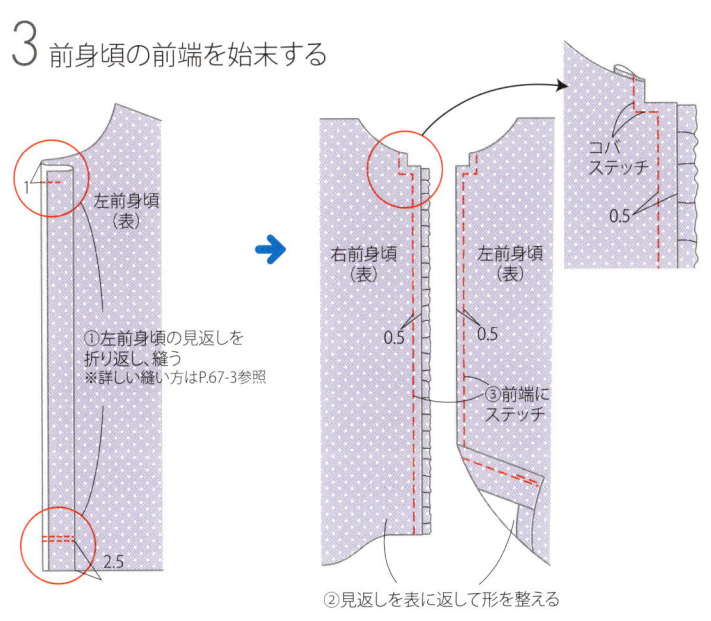

1
左前身頃（表）
①左前身頃の見返しを折り返し、縫う
※詳しい縫い方はP.67-3参照
2.5

右前身頃（表）
0.5
左前身頃（表）
0.5
③前端にステッチ
②見返しを表に返して形を整える

コバステッチ
0.5

4 後ろ身頃にギャザーを寄せ、表・裏ヨークをつける（P.67-5参照）

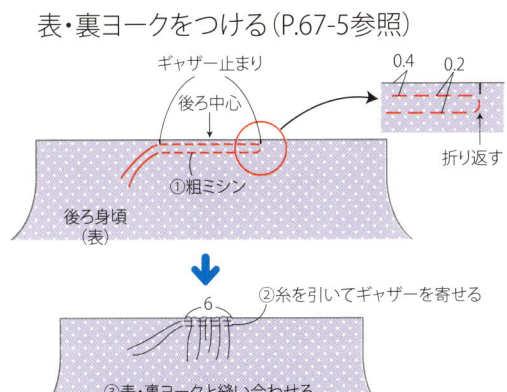

ギャザー止まり
後ろ中心
①粗ミシン
後ろ身頃（表）

0.4　0.2
折り返す

6
②糸を引いてギャザーを寄せる
③表・裏ヨークと縫い合わせる（P.67-5・6参照）

6 衿に衿フリルをつけ、身頃に縫いつける

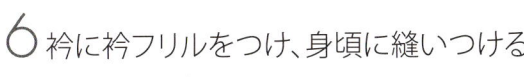

フリル（表）
外表
0.4　0.2
①粗ミシン

フリル
③0.8仮止めミシン
表衿（表）
わ
②つけ位置に合わせてギャザーを寄せる
1あける

④1ミシン
表衿（表）
裏衿（裏）
重ねる
⑤縫い代幅を0.5にカット
折ったまま縫う

表衿（表）
裏衿（裏）
⑥表に返して形を整える

⑦裏衿と身頃を縫い合わせ、しつけで止める（P.68-8参照）
表衿（表）
⑧コバステッチ
前身頃（裏）

8 袖口にギャザーを寄せる

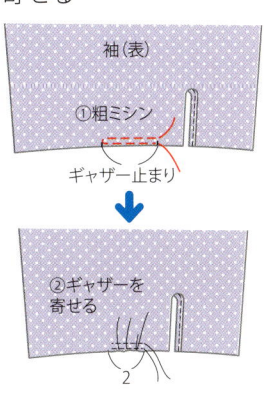

袖（表）
①粗ミシン
ギャザー止まり

②ギャザーを寄せる
2

Shirt & Coat
L
フードコート

着やすく便利なキルト地で作るウィンターコートです。
パンツにもスカートにも合わせやすい着丈に、
おろした時も収まりがよいフードつきのデザイン。
前はアウトポケットに手軽につけられるロットボタン開き。
後ろはベルトを縫いつけてアクセントにしています。
布端の始末にもこだわった長く着用できる1枚。
男の子には無地やチェック地で作っても素敵です。

How to make **P.74**

※パンツは作品F-2（P.36）を参照

Process

L
フードコート

(P.72) 実物大型紙 D 面

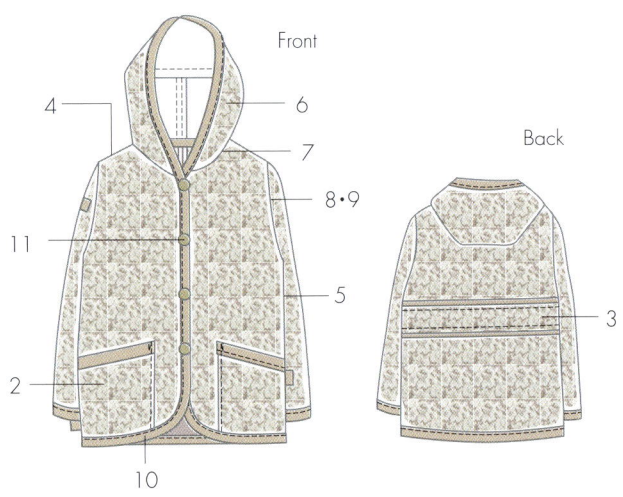

Front

4 — 6
7
8・9
11
5
2
3
10

Back

裁ち方図

※用尺は上から 100/110/120/130cm

表布

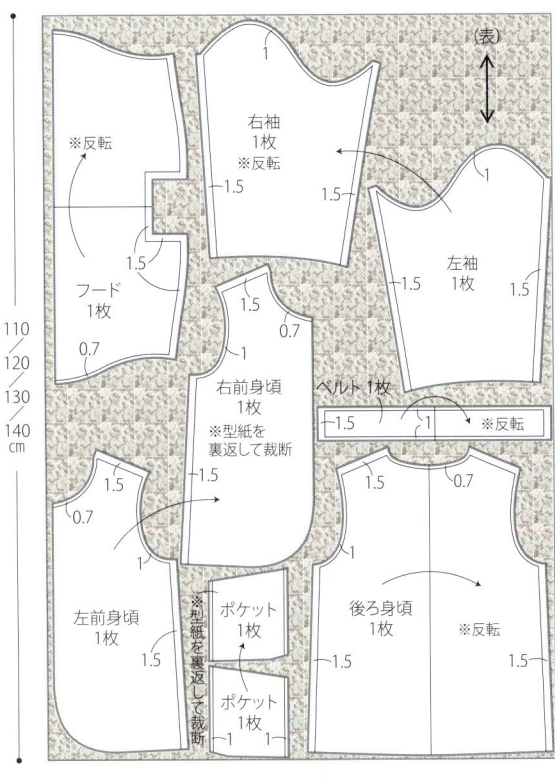

※反転
右袖 1枚 ※反転
1
1.5
1.5
左袖 1枚 1.5
1.5
フード 1枚 1.5
0.7
0.7
右前身頃 1枚 ※型紙を裏返して裁断
ベルト 1枚 ※反転
1.5 1
1.5
1.5
0.7 0.7
110
120
130
140
cm
0.7
左前身頃 1枚 ※型紙を裏返して裁断
ポケット 1枚
後ろ身頃 1枚 ※反転
1.5
ポケット 1枚
1.5 1.5 1.5

100cm幅

別布

40cm

(表)
衿バイアス布 1枚
袖ぐり バイアス布 2枚

35cm幅

材料

※用尺は左から 100/110/120/130cm サイズ
表布（キルト）100cm 幅 ×110/120/130/140cm
別布（綿ブロード）35cm 幅 ×40cm ※市販のバイアステープ代用可
幅 1cm パイピングコード（後ろベルト分）…80/85/90/95cm
幅 3cm のメートライン…320/330/340/350cm
直径 1.3cm のロットボタン…4 組
幅 1cm の綾テープ（ネックループ分）…10cm

縫い方順序

1 布を裁断し、縫い代のアイロン処理をする
2 ポケットをつける
3 後ろ身頃にベルトをつける
4 肩を縫う
5 脇を縫う
6 フードを作る
7 身頃にフードをつける
8 袖を作る
9 身頃に袖をつける
10 メートラインで縁どりする
11 ロットボタンをつける

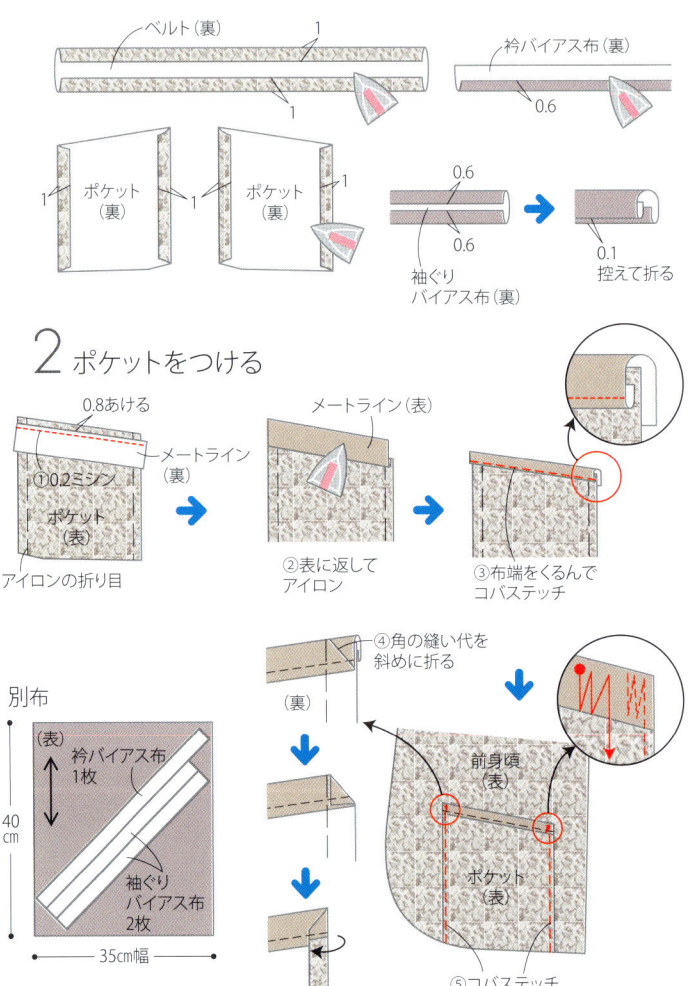

1 布を裁断し、アイロン処理をする

ベルト（裏） 1
1
衿バイアス布（裏）
0.6

0.6
0.6
袖ぐり バイアス布（裏）
0.1 控えて折る

ポケット（裏） 1 1
ポケット（裏） 1

2 ポケットをつける

0.8あける
①0.2ミシン
ポケット（表）
アイロンの折り目

メートライン（表）
メートライン（裏）
②表に返して アイロン

③布端をくるんで コバステッチ

④角の縫い代を 斜めに折る
（裏）

前身頃（表）
ポケット（表）

⑤コバステッチ

074

3 後ろ身頃にベルトをつける

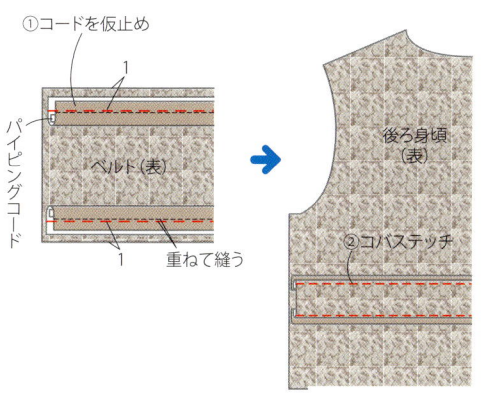

①コードを仮止め

1

パイピングコード

ベルト(表)

重ねて縫う

1

後ろ身頃(表)

②コバステッチ

4 肩を縫う

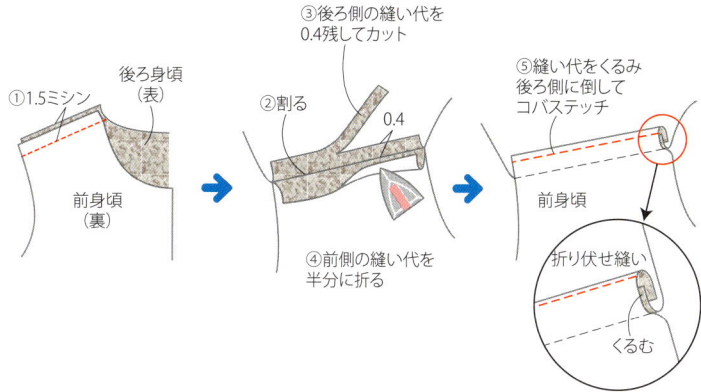

③後ろ側の縫い代を
0.4残してカット

後ろ身頃(表)

①1.5ミシン

②割る

0.4

前身頃(裏)

④前側の縫い代を
半分に折る

⑤縫い代をくるみ
後ろ側に倒して
コバステッチ

前身頃

折り伏せ縫い

くるむ

5 脇を縫う

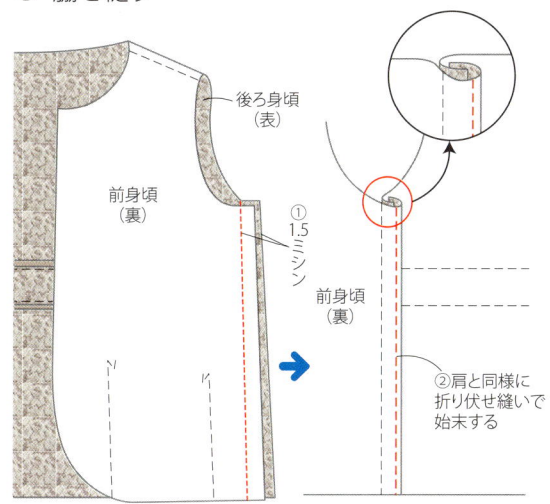

後ろ身頃(表)

前身頃(裏)

①1.5ミシン

前身頃(裏)

②肩と同様に
折り伏せ縫いで
始末する

6 フードを作る

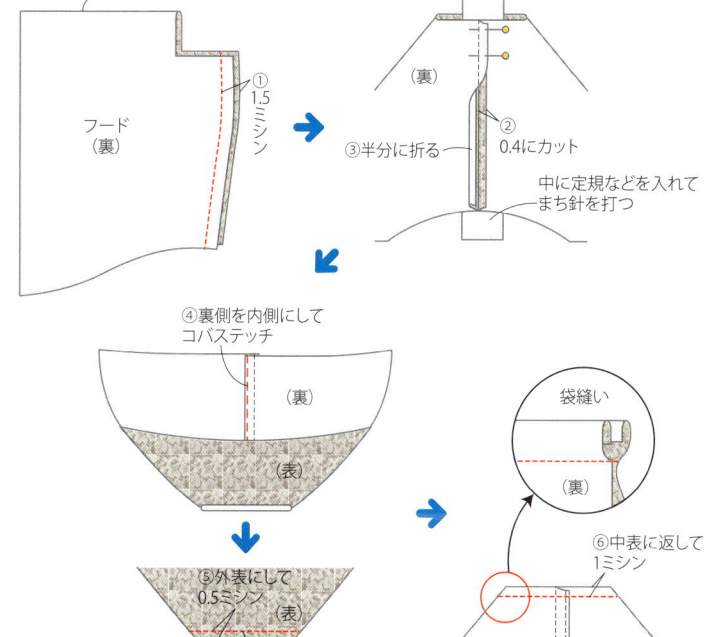

わ

フード(裏)

①1.5ミシン

(裏)

③半分に折る

②0.4にカット

中に定規などを入れて
まち針を打つ

④裏側を内側にして
コバステッチ

(裏)

(表)

⑤外表にして
0.5ミシン

(表)

⑥縫い代を
0.3残してカット

袋縫い

(裏)

⑥中表に返して
1ミシン

(裏)

7 身頃にフードをつける

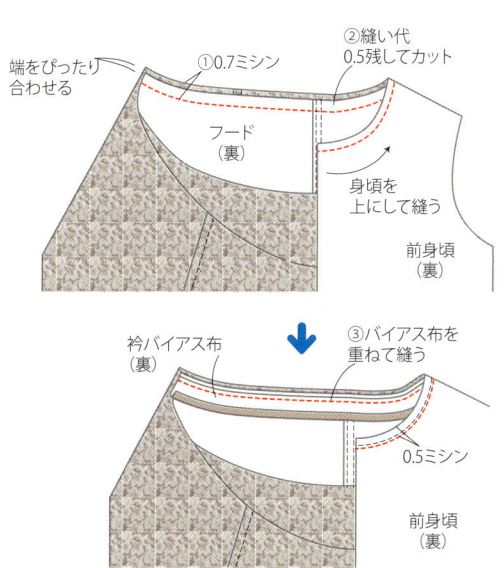

端をぴったり
合わせる

①0.7ミシン

②縫い代
0.5残してカット

フード(裏)

身頃を
上にして縫う

前身頃(裏)

衿バイアス布(裏)

③バイアス布を
重ねて縫う

0.5ミシン

前身頃(裏)

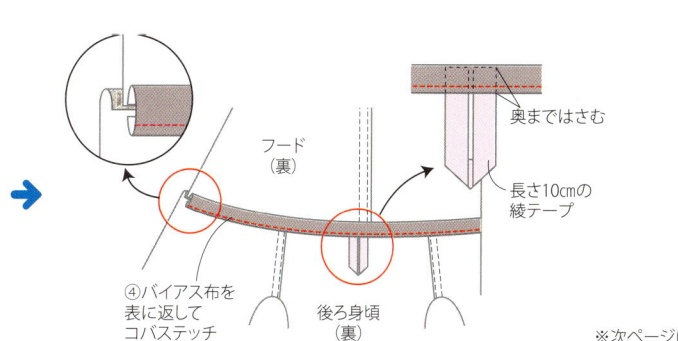

奥まではさむ

フード(裏)

長さ10cmの
綾テープ

④バイアス布を
表に返して
コバステッチ

後ろ身頃(裏)

※次ページに続く

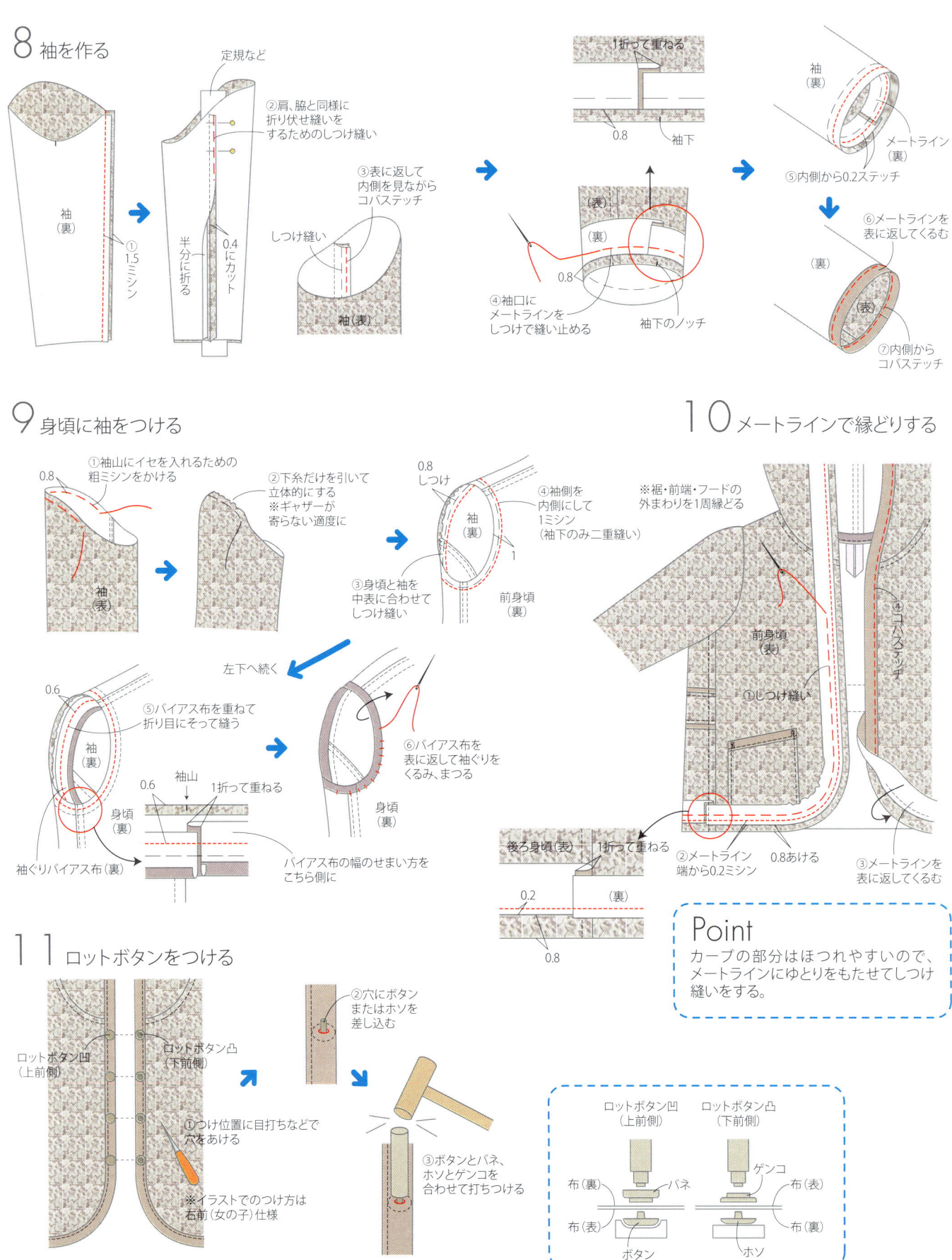

8 袖を作る

① 1.5ミシン

半分に折る

0.4にカット

② 肩、脇と同様に折り伏せ縫いをするためのしつけ縫い

定規など

③ 表に返して内側を見ながらコバステッチ

しつけ縫い

袖（裏）

袖（表）

1折って重ねる

0.8

袖下

（裏）

（表）

④ 袖口にメートラインをしつけで縫い止める

袖下のノッチ

袖（裏）

⑤ 内側から0.2ステッチ

メートライン（裏）

⑥ メートラインを表に返してくるむ

（裏）

（表）

⑦ 内側からコバステッチ

9 身頃に袖をつける

① 袖山にイセを入れるための粗ミシンをかける

0.8

袖（表）

② 下糸だけを引いて立体的にする
※ギャザーが寄らない適度に

0.8
しつけ

④ 袖側を内側にして1ミシン（袖下のみ二重縫い）

袖（裏）

③ 身頃と袖を中表に合わせてしつけ縫い

前身頃（裏）

左下へ続く

0.6

袖（裏）

⑤ バイアス布を重ねて折り目にそって縫う

⑥ バイアス布を表に返して袖ぐりをくるむ、まつる

身頃（裏）

袖ぐりバイアス布（裏）

0.6
袖山
1折って重ねる

身頃（裏）

バイアス布の幅のせまい方をこちら側に

10 メートラインで縁どりする

※裾・前端・フードの外まわりを1周縁どる

前身頃（表）

④ コバステッチ

① しつけ縫い

後ろ身頃（表）
1折って重ねる

② メートライン端から0.2ミシン

0.8あける

③ メートラインを表に返してくるむ

0.2
（裏）

0.8

Point
カーブの部分はほつれやすいので、メートラインにゆとりをもたせてしつけ縫いをする。

11 ロットボタンをつける

ロットボタン凹（上前側）

ロットボタン凸（下前側）

① つけ位置に目打ちなどで穴をあける

② 穴にボタンまたはホソを差し込む

③ ボタンとバネ、ホソとゲンコを合わせて打ちつける

※イラストでのつけ方は右前（女の子）仕様

ロットボタン凹（上前側）

ロットボタン凸（下前側）

バネ

布（裏）

布（表）

ボタン

ゲンコ

布（表）

布（裏）

ホソ

Cut and sewn

家庭用ミシンで ニットソーイング

用具協力／☆＝クロバー（株）、★＝蛇の目ミシン工業（株）

ニット生地の縫製には、縫い合わせと縁かがりが同時にできるロックミシンが耐久性にもすぐれ、仕上がりもきれいですが、家庭用ミシンでも十分きれいに縫うことができます。

基本的なところは P4〜16 を参照してください。ここではニットソーイング用の道具や覚えておくと良いコツをご紹介します。

基本の道具

ニット用糸＆ニット用針

伸縮性のあるニット用糸（レジロン）と針先が丸く繊維が割れないニット用針を使い、縫い目の長さは短め（1.8mm 程度）がおすすめ。

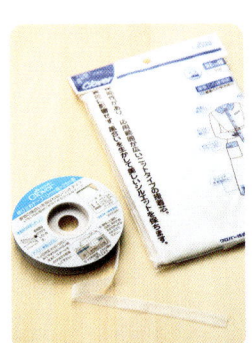

伸び止めテープ＆ニット用接着芯☆

布に張りを持たせたり補強したり、伸び止めの目的で貼る、片面にのりのついたニット用（編み地タイプ）の芯とテープ。

あると便利な道具

布用クリップ☆

ニット生地の仮止めには布をしっかり固定できる布用クリップが便利。まち針では穴があいてしまうような生地にもおすすめ。

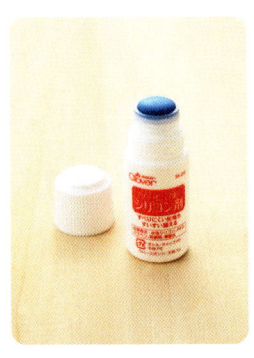

シリコン剤☆

布がひっかかりやすいニット地には、針先や押さえ金の裏にシリコン剤を塗るとすべりが良くなり布送りもスムーズに。

テフロン押さえ★

特殊な樹脂でできたとてもすべりの良い押さえ。ニット生地やビニール、レザーなどすべりの悪い素材だけでなく布帛にもおすすめ。

ニット生地の印つけ

ノッチ（合印の切り込み）は基本的に布帛と同様で OK（P12 参照）。縫い代に入れるノッチで特にほつれやすい布などは、切り込みの代わりにチャコペンで印をつけると良い。

型紙上の●の合印には目打ちで穴をあけるだけでは印が分かりにくいので、その穴からさらにチャコペンで印をつける。

まち針の代わりに布用クリップ

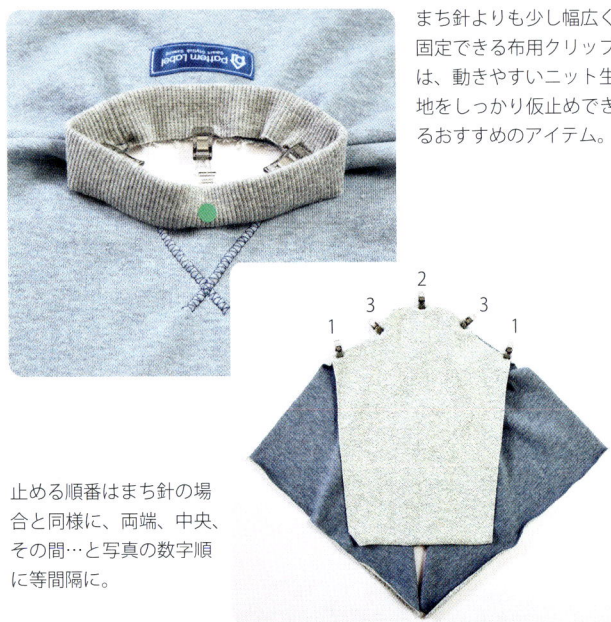

まち針よりも少し幅広く固定できる布用クリップは、動きやすいニット生地をしっかり仮止めできるおすすめのアイテム。

止める順番はまち針の場合と同様に、両端、中央、その間…と写真の数字順に等間隔に。

肩には伸び止めテープ

後ろ身頃の肩の縫い代には伸び止めテープを貼るのが基本。特に縫い線にかかる必要はなく、縫い代に貼ってあるだけで伸び止めの効果がある。また、伸び止めテープの代わりに接着芯をカットして貼ってもOK。

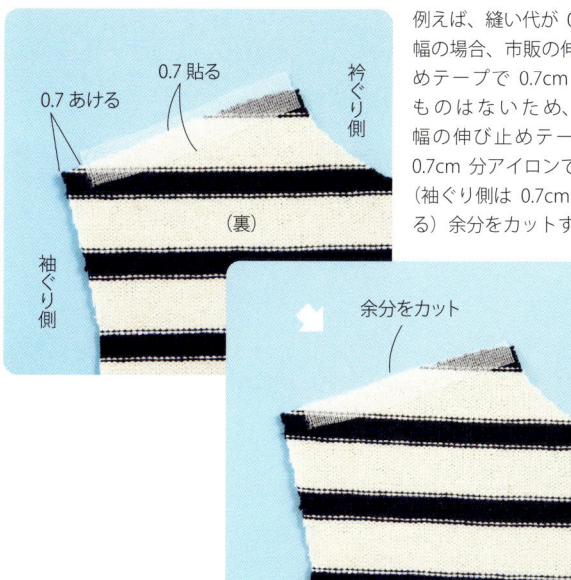

例えば、縫い代が 0.7cm 幅の場合、市販の伸び止めテープで 0.7cm 幅のものはないため、1cm 幅の伸び止めテープを 0.7cm 分アイロンで貼り（袖ぐり側は 0.7cm あける）余分をカットする。

ポケット口には接着芯

ポケット口は伸びやすいので縫い代部分に接着芯を貼る。このように部分的に接着芯を貼る場合は、接着芯を必要な大きさにカットしてから P11 と同様にしてアイロンで貼る。

脇や肩の縫い合わせ

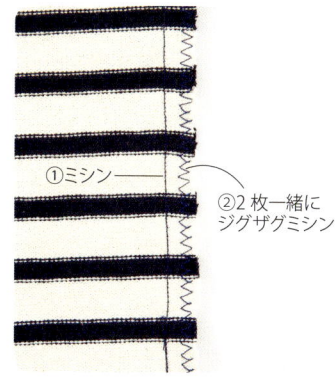

家庭用ミシンを使ったニットソーイングの場合も、脇や肩、袖の縫い合わせについては、基本的に布帛と同じ。中表に合わせて縫い、縫い代は 2 枚一緒にジグザグミシンで始末。

衿ぐり・裾・袖口のリブ地は伸ばし気味に縫う

ノッチ同士を合わせる時点では、リブと身頃の縫い合わせる部分の長さに差がある（リブの方が短い）。縫う時にはリブを内側（上）にして伸ばし気味に縫う。

このようにリブを伸ばし気味に縫うことで、でき上がった時にリブが立ったり波打ったりせずにきれいに仕上がる。

布がうねったらスチームアイロン

ニット生地が伸びて波打った時は真上から押さえるようにしてスチームアイロンをかけると良い。

初心者さんにもおすすめの
ニット生地

ニット生地は細かな編み地になっているため伸縮性にすぐれ、着心地も良いため子供服にぴったりの素材です。この本で掲載しているニット作品には家庭用のミシンでも縫いやすい、あまり伸びないニット生地を使用していますので、初めてニット生地を縫う方にもおすすめです。ミシンの縫い目は短め（1.8mm 程度）に設定し、試し縫いをしてから縫いましょう。

よくある質問 Q&A

Q1 ニット生地の "テンション" って何のこと？

A ニット生地にも、よく伸びるもの、あまり伸びないものと様々あります。この伸縮率のことをテンションと呼び、よく伸びるものをテンションが高い、あまり伸びないものをテンションが低いと言います。今回ご紹介している天竺、ダンボールニット、裏毛は、テンションが低めで家庭用ミシンでも縫いやすく、初心者さんにもおすすめのニット生地です。

Q2 ニット生地の 水通し方法を教えてください。

A この本の作品で使用しているようなテンションの低いニット生地については、基本的には P11 の布帛と同じ方法で OK です。ただし干す時に吊ると伸びてしまいそうなものについては、平置きにして半乾きの状態まで乾かします。

Q3 ニット用パターンを布帛で 作ることはできますか？

A ニット用のパターンは伸縮性のある生地で作ることを前提とした寸法や形にデザインされています。布帛で作った場合には着用できない（頭が入らない）、動きづらいなどの不具合が起こる可能性がありますので、必ずニット生地をご使用ください。

表  裏

天竺

手編みのメリヤス編みと同じ方法で編まれた代表的なニット生地。表は縦方向に V 字の編み目、裏は小さなループが横方向に並ぶ。編み糸の太さによって生地の厚みも様々あり、糸番手の数字が大きくなるほど薄手になる。

T シャツなどの身頃に

作品 M-1(P.82)　　作品 M-3(P.86)

表  裏

ダンボールニット

厚みがあり、伸びにくく、布端も丸まりにくいのでとても縫いやすい生地。ダンボールのように 2 重構造になっているため保温性に優れ、秋冬のアイテムにおすすめ。

カーディガンや ジップパーカなどに

作品 P(P.93)

表

裏 ループが大きい→

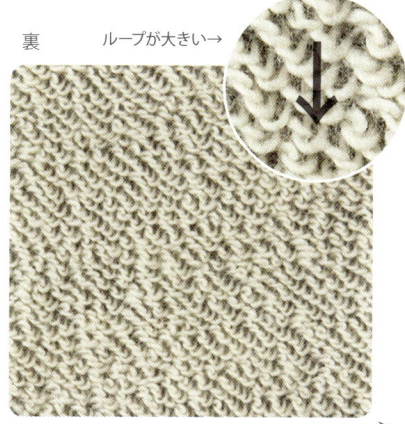

裏毛（うらけ）

"スウェット" や "トレーナー地" とも呼ばれるとてもポピュラーな厚手の生地。表は天竺と同じ、裏はパイル（タオルのようにループ）状になっているのが特徴。裏のパイルを起毛させた "裏起毛" は真冬のアイテムに。

トレーナーやカーディガンの身頃、パンツなどに

作品 N-1(P.88)

作品 N-2(P.89)

作品 O(P.92)

着心地に差が出る Point!
裏毛には方向があり、ループの輪が下向きになるように裁つのが基本

表

裏 ループが小さい→

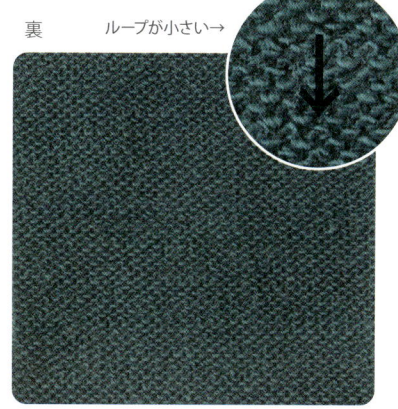

ミニ裏毛（うらけ）

上記裏毛を薄手タイプにした生地。裏毛と比較すると裏のループが小さく糸も細いのが特徴。裏毛に比べて伸びも良く、裏毛が秋・冬なら、ミニ裏毛は春・夏向き。

ワンピースやTシャツなど春・夏用のアイテムに

作品 M-2(P.83)

Point
スパンリブやスパンフライスは輪の状態で売られていますので使用する時には切り開いて使います。作り方の材料表記には輪の状態の横幅で "W幅" と表記されます。

わ　わ

○cm
W幅

表 表・裏がぱっと見同じ→

裏 伸ばすとゴムが見えるのが裏→

スパン（ゴム）

スパンリブ

スパン（ゴム）が編み込まれた伸縮性に優れた生地。厚手で畝も太く、しっかりしているので、トレーナーやパンツなどに。裏毛などの厚手の生地を使った場合の衿リブや袖口リブ、ウエストリブに使用。

衿ぐり・袖口・ウエストなどに

作品 N-1(P.88)

作品 N-2(P.89)

作品 O(P.92)

表 表・裏がほぼ同じ→

裏

スパンフライス

スパン（ゴム）が編み込まれた伸縮性に優れた生地。薄手で柔らかめなので、Tシャツなどの身頃が薄手の場合の衿ぐり布などにおすすめ。

Tシャツなど薄手の衿ぐりなどに

作品 M-3(P.86)

注意! フライスと間違えないで!
フライスとスパンフライスは名前が似ているので混同されがち。フライスにはスパン（ゴム）が入っていないので衿ぐり布などに使うと伸びてしまうので要注意です。

Cut and sewn
M-1
ボートネック T シャツ

ニットが初めての方におすすめの T シャツです。

ネック部分は折り返すだけで簡単に作れるボートネック。

配色の胸ポケットとひじあてがポイントの男女兼用のデザインです。

布地は縫製がしやすい天竺ニットがおすすめ。

ボーダーはトレンドに左右されにくい定番柄です。

How to make P.84 (Lesson11)

※パンツは作品 A（P.18）、スカートは作品 B（P.18）を参照

Cut and sewn

M-2
ボートネックワンピ

デイリーに活躍する着心地のいいニット地のワンピースです。
前には共布で作るアウトポケット、
後ろはリボンをポイントにしたスリットあきがあります。
布地は、天竺、ミニ裏毛、ダンボールニットなど
伸びの少ないニット地が縫製しやすくおすすめ。
タグやリボンを配色にすると作品が引き立ちます。

How to make P.104

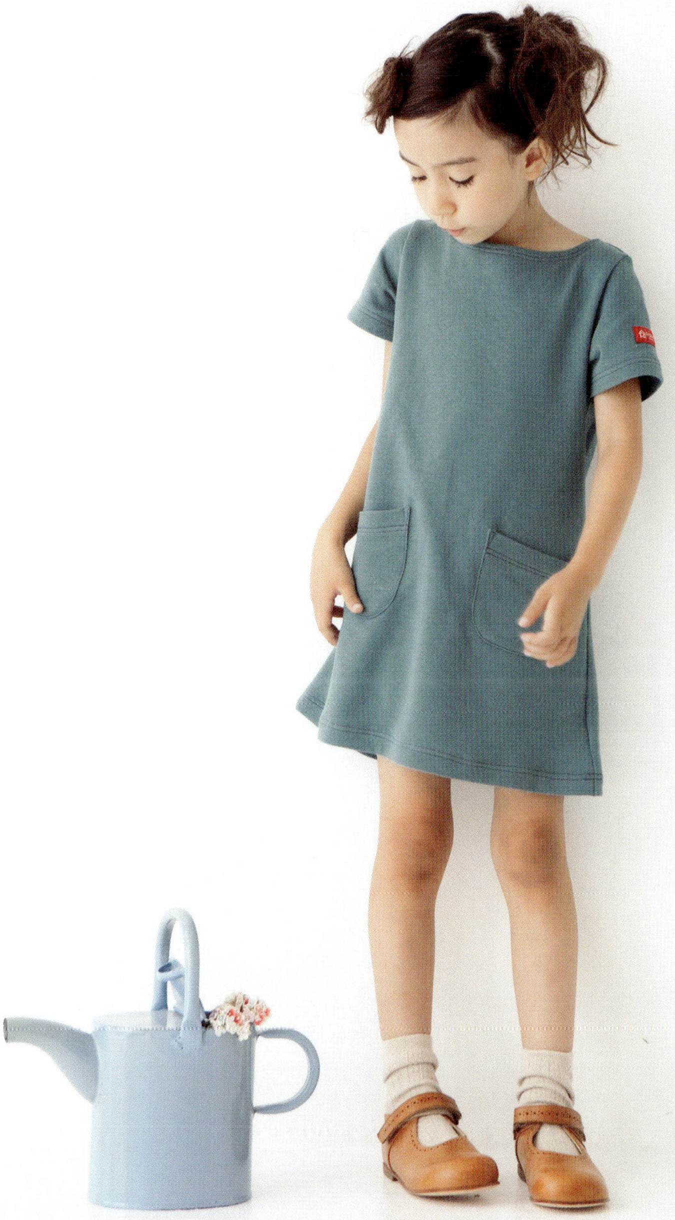

布地提供／jack＆bean

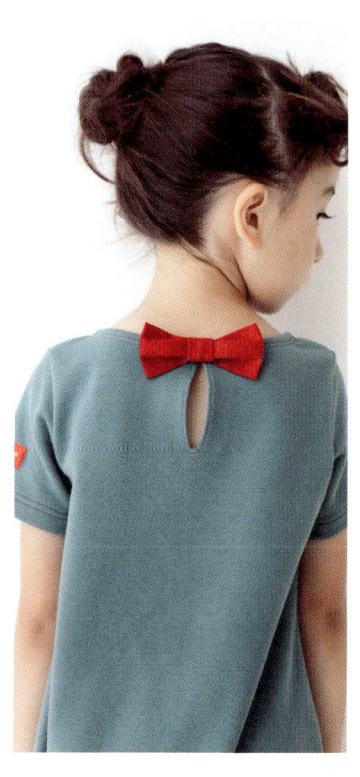

Lesson11
M-1
ボートネックTシャツ
（P.82） 実物大型紙D面

材料
※用尺は左から 100/110/120/130 cmサイズ
表布（ボーダー柄の天竺）150 cm幅 ×50/50/55/60 cm
別布（無地のカラーツイル）15×30 cm（共通）
幅 1 cm伸び止めテープ（後ろ肩線）…20 cm（共通）
※上記テープを幅 0.7 cmにカットして使用

縫い方順序
1 布を裁断し、縫い代のアイロン処理
2 ポケットとひじあてをつける
3 肩を縫う
4 衿ぐりの始末
5 袖を身頃につける
6 袖下と両脇を縫う
7 裾と袖口の始末

裁ち方図
※布の表面に型紙を配置して裁断する
※指定以外の縫い代は 0.7 cm
※用尺は上から 100/110/120/130

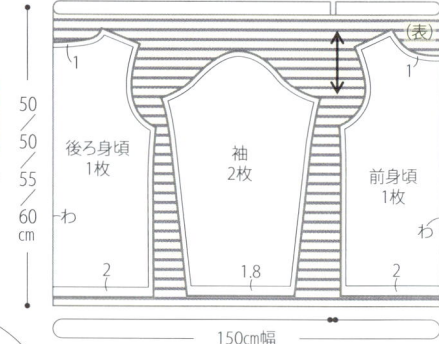

別布 0.7 1枚

15 cm ─ 30cm ─

表布（表）

50/50/55/60 cm

後ろ身頃 1枚　　袖 2枚　　前身頃 1枚

150cm幅

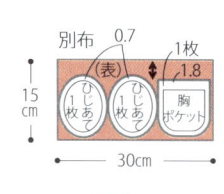
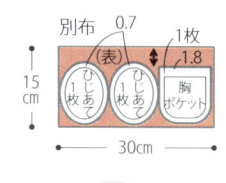
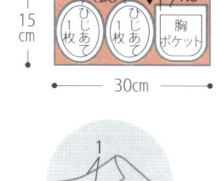

Point
袖のノッチは前側が 1 つ、後側が 2 つ。見分けるポイントにしよう！

後ろ側ノッチ　前側ノッチ

1 布を裁断し、縫い代のアイロン処理

左袖（裏）　右袖（裏）　前身頃（裏）　後ろ身頃（裏）

1-1
型紙に縫い代をつけて布を裁ち、ノッチを入れる（前・後ろ中心のノッチは不要）。前・後ろ身頃の裾と衿ぐり、袖口の縫い代を二つ折りにしてアイロンで折り目をつけておく。

【袖口】1.8　【裾】2

伸び止めテープの貼り方
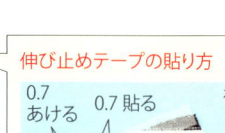

0.7 あける　0.7 貼る　衿ぐり側
袖側　後ろ身頃（裏）

幅 1 cmの伸び止めテープを 0.7 cm分アイロンで貼り（袖側は 0.7 cmあける）、余分はカットする。伸び止めテープは縫い代に貼ってあれば縫い線にかからなくてもOK。

2 ポケットとひじあてをつける

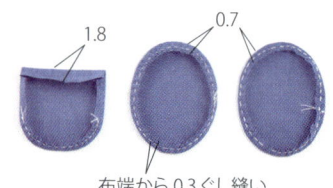

1.8　0.7

布端から0.3ぐし縫い

型紙

1-2
ポケットのカーブとひじあての縫い代にぐし縫いをし、厚紙で作った型紙を入れて糸を引き、アイロンで縫い代に折り目をつける。

（裏）

2-1
ポケット口の縫い代にジグザグミシンをかける。

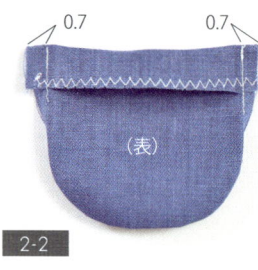

0.7　0.7

（表）

2-2
ポケット口の縫い代を中表に二つ折りして両端を縫う。

①角をカット　0.3 残す　②上の1枚のみカット

2-3
縫い代の厚みを解消するために、①②の順にカットする。

0.5　コバステッチ　（裏）　（表）

2-4
縫い代を表に返し、裏からコバステッチ、次に表から 0.5 cm幅のステッチをかける。

コバステッチ　前身頃（表）

2-5
前身頃の左胸にコバステッチでポケットを縫いつける。角は矢印の順に三角に縫う（返し縫いをせずに縫い始め、縫い戻った部分が重ね縫いとなる）。

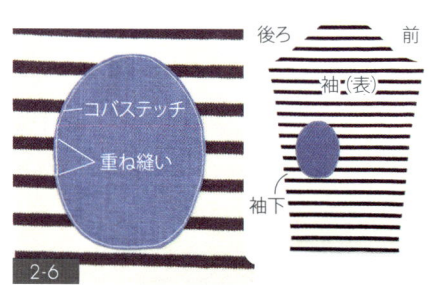

後ろ　前　袖（表）
コバステッチ　重ね縫い　袖下

2-6
袖の後ろ側にコバステッチでひじあてを縫いつける。袖下側から返し縫いをせずに縫い始め、最後は 1.5 cmほど重ねて縫う。

Front　Back
4　3　2　5　6　7

3 肩を縫う

2-7

コバステッチ

Pattern Label
Smart Stylish Sewing

後ろ身頃に好みでタグ
を縫いつける。

0.7

後ろ身頃(裏)
前身頃(表)

前身頃と後ろ身頃を中表に合わせて肩を
縫う。縫い代は2枚一緒にジグザグミシ
ンで始末して後ろ側に倒しておく。

前身頃(裏)

1 折る

後ろ身頃(裏)

4-2

0.3

(表)

0.3

②0.3

①コバステッチ

(裏)

衿ぐりの縫い代を二つ折りにして、裏からコバステッ
チをかけ、次に表から0.3cm幅のステッチをかける。

4 衿ぐりの始末

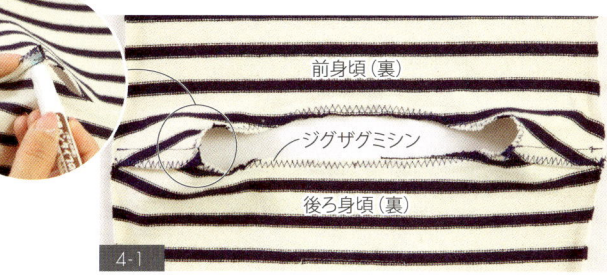

前身頃(裏)

ジグザグミシン

後ろ身頃(裏)

4-1

肩の角の縫い代を布用のり(または
まち針)で後ろ側に固定し、衿ぐり
の縫い代にジグザグミシンをかける。

★縫い始めと縫い終わり

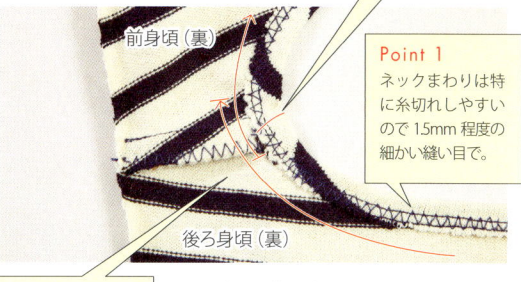

Point 2
折り返した縫い目は
斜めにずれてOK

Point 1
ネックまわりは特
に糸切れしやすい
ので1.5mm程度の
細かい縫い目で。

前身頃(裏)

後ろ身頃(裏)

Point 3
肩の真上を避けて縫い始め、
肩の真上は重ね縫い

肩の近くの後ろ身頃側から縫い始め、ぐ
るりと衿ぐりを縫って肩の上を重ね縫い
し、前身頃側まで縫う(返し縫いなし)。

5 袖を身頃につける

5-1

ジグザグミシン

袖口の縫い代にジグザグミシンをか
ける。

ひじあて側

前身頃(表)
右袖(裏)
後ろ身頃(表)

5-2

身頃の袖ぐりと袖の前後を確認して中
表に合わせる。ニット地の仮止めは布
用クリップがおすすめ。

袖(裏)

5-3

0.7

袖を上にして袖ぐりを縫い、縫い
代は2枚一緒にジグザグミシ
ンで始末して、身頃側に倒す。

6 袖下と両脇を縫う

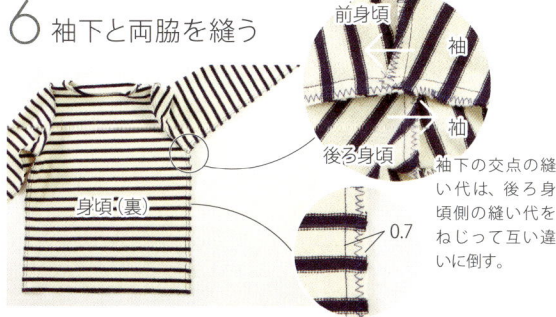

前身頃
袖
後ろ身頃
袖

身頃(裏)

0.7

袖下の交点の縫
い代は、後ろ身
頃側の縫い代を
ねじって互い違
いに倒す。

身頃と袖を中表に合わせて、袖下と両脇を縫い、縫い代
は2枚一緒にジグザグミシンで始末して後ろ側に倒す。
※ピスネームをつける場合は、右脇の裾のでき上がりから3cm上
にはさんで縫う。

7 裾と袖口の始末

後ろ身頃(表)

0.3
3

前身頃(裏)

7-1

前身頃(裏)

縫い代の重なりを解消す
るために、二つ折りの内
側部分のみ、縫い代を反
対側(前側)に折る。

袖口(表)

0.3

7-2

裾と袖口の縫い代を二つ折りにして、
衿ぐりと同様に裏からコバステッチを
かけ、次に表から0.3cm幅のステッチ
をかける。

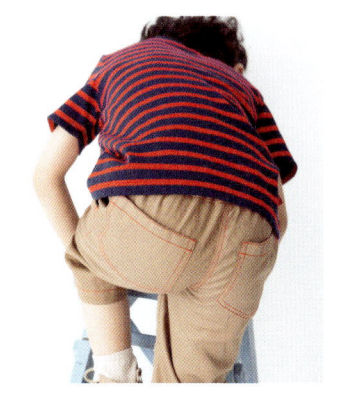

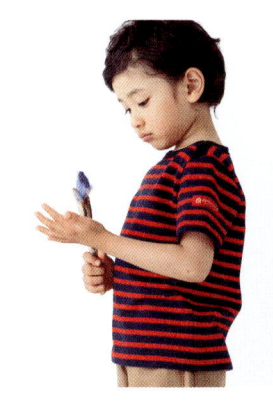

Cut and sewn

M-3
クロスネックTシャツ

ネックまわりをバインダー処理した
クロスネックのTシャツです。
頭が大きめのお子様でも安心してお作りいただけます。
袖は作品 M-1 の長袖とつけ替えが可能なパターン。
季節に合わせて袖丈を変えれば年間を通して使えます。
身頃の布地は伸びの少ない天竺ニットがおすすめ。
ネック部分は伸び戻りのよいスパンフライスを使いましょう。
パンツのステッチカラーも赤でコーディネイトして。

How to make **P.87**

※パンツは作品 E-1（P.30・32）を参照

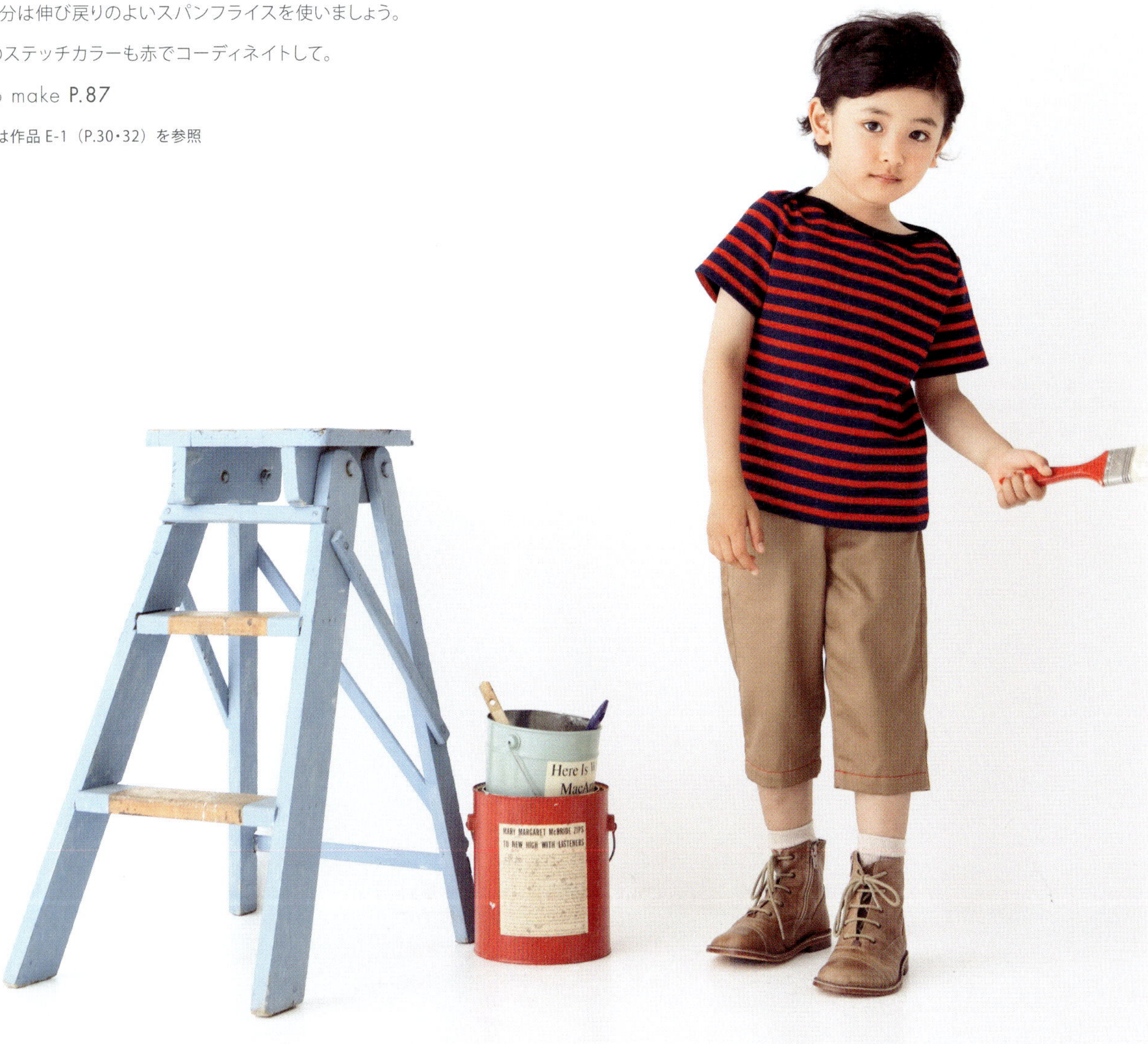

 布地提供／CHECK & STRIPE

Process

M-3

クロスネックTシャツ

〈P.86〉 実物大型紙D面

材料

※用尺は左から 100/110/120/130cm サイズ
表布（ボーダー柄の天竺）150cm 幅×45/50/50/55cm
別布（40番スパンフライス）40cmW幅×10cm
※家庭用ミシンでニット地を縫う場合は、ニット用の針と糸を使用（P78参照）

縫い方順序

1 布を裁断し、縫い代のアイロン処理をする
2 衿ぐりをバインダー布で始末する
3 身頃に袖をつける（P.85-5 参照）
4 袖下と脇を続けて縫う（P.85-6 参照）
5 袖口と裾を二つ折りで始末する（P.85-7 参照）

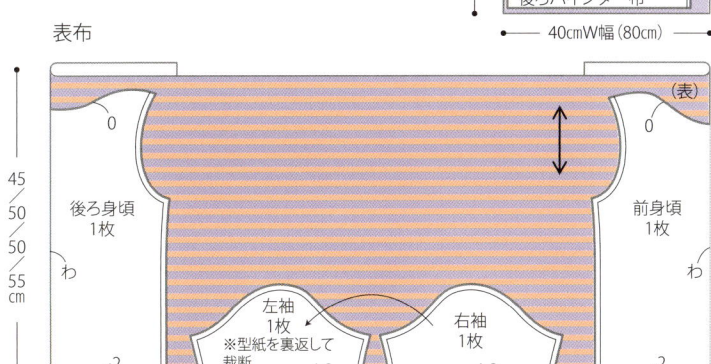

裁ち方図
※指定以外の縫い代は 0.7cm
※用尺は上から 100/110/120/130cm

別布
40cmW幅（80cm）
前バインダー布
後ろバインダー布
0
10

表布
45/50/50/55cm
150cm幅
後ろ身頃 1枚
前身頃 1枚
左袖 1枚 ※型紙を裏返して裁断
右袖 1枚
わ
（表）
0 / 0
2 / 2
1.8 / 1.8

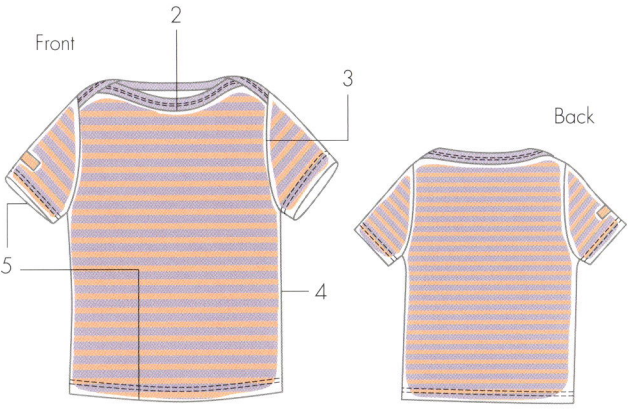

Front
2
3
Back
5
4

1 布を裁断し、縫い代のアイロン処理をする

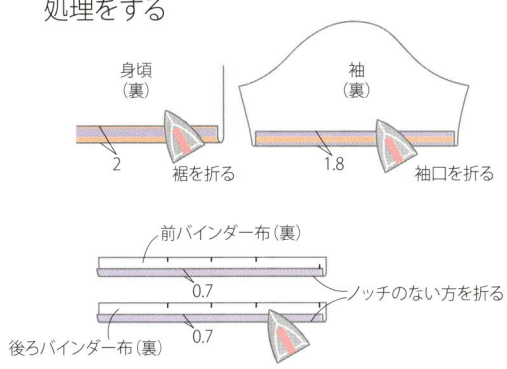

身頃（裏）
裾を折る
2
袖（裏）
袖口を折る
1.8

前バインダー布（裏）
0.7
ノッチのない方を折る
後ろバインダー布（裏）
0.7

2 衿ぐりをバインダー布で始末する

後ろ中心
ノッチ
①0.7ミシン
後ろバインダー布（裏）
後ろ身頃（裏）

Point
バインダー布は身頃に合わせて伸ばし気味に縫う

0.3
コバステッチ

（表）
③0.3ステッチ
②コバステッチ
カット
④身頃から出た端はカットする
後ろ身頃（表）
⑤前身頃も同様に前バインダー布をつける

3 身頃に袖をつける

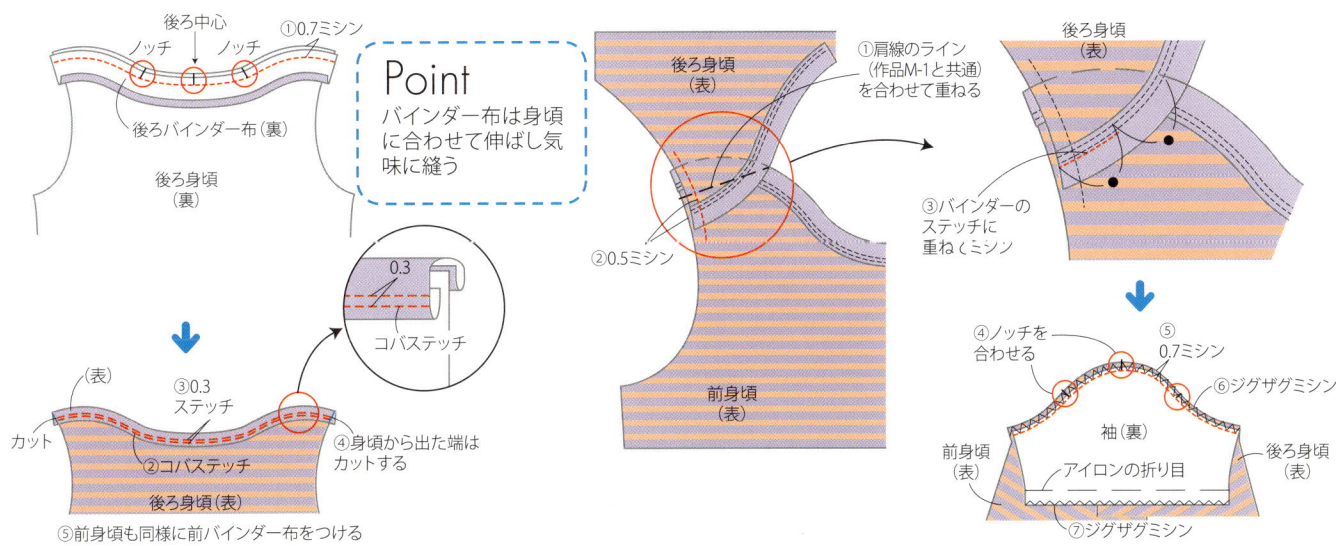

後ろ身頃（表）
①肩線のライン（作品M-1と共通）を合わせて重ねる
②0.5ミシン
前身頃（表）
後ろ身頃（表）
③バインダーのステッチに重ねくミシン
④ノッチを合わせる
⑤0.7ミシン
⑥ジグザグミシン
袖（裏）
前身頃（表）
後ろ身頃（表）
アイロンの折り目
⑦ジグザグミシン

Cut and sewn
N-1
ニットハーフパンツ

男の子におすすめのはき心地が楽なニットパンツです。
前パンツには実用的な切替ポケット、
後ろパンツには同素材で作ったアウトポケットをつけました。
ウエストはフィット具合を調節できるよう太めの平ゴムを使用。
前後の目印にリボンを縫いつけて仕上げます。

How to make P.105

Cut and sewn

N-2
ニットショートパンツ

元気な女の子にぴったりのニットパンツ。
作品 N-1 男の子用パンツのアレンジバージョンで、
裾はロールアップして手でまつりつける簡単な作り方。
表面と裏面の色が違う杢系ニットがおすすめです。
How to make P.90 (Lesson12)

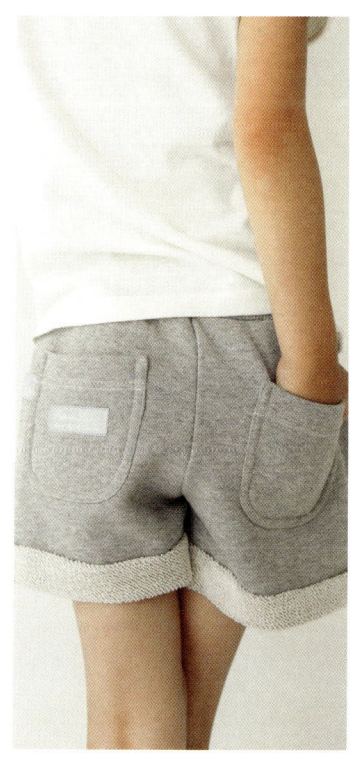

Lesson 12
N-2
ニットショートパンツ

（P.89）実物大型紙D面

材料

※用尺は左から 100/110/120/130cm サイズ
表布（杢グレーの裏毛ニット）150cm 幅×30/35/35/40cm
別布（杢グレーのスパンリブ）50cmW 幅×10cm（共通）
別布（薄ピンクのスレキ）…20×30cm（共通）
接着芯（後ろポケット分）…15×10cm
幅 3cm 平ゴム（ウエスト分）…47/50/53/56cm
幅 1cm 綾テープ（前目印用）…25cm
※スレキとは…ポケットの袋布などによく使われる綿 100%の薄手
生地。シーチングなどでも代用可

縫い方順序

1 布を裁断し、縫い代のアイロン処理
2 後ろポケットを作る
3 後ろパンツにポケットをつける
4 前脇ポケットを作る
5 股上を縫う
6 両脇と股下を縫う
7 ウエストリブをつける
8 裾を始末し、ゴムを通す

裁ち方図

※布の表面に型紙を配置して裁断する
※指定以外の縫い代は 0.7cm
※用尺は上から 100/110/120/130cm
※斜線部分に接着芯を貼る

表布

(表) 2.5
後ろポケット 2枚
わ
30/35/35/40cm
後ろパンツ 2枚
4
前パンツ 2枚
4
前ポケット 脇布2枚

150cm幅

別布（スレキ）
わ
前ポケット 袋布
20cm
30

別布（スパンリブ）
ウエストリブ
10cm
50cmW幅（100cm）

Front
7
4
5
6
2・3
8
Back

Point !

縫い代の厚みを解消するために、上の 1 枚だけカットする。
カット
0.5

1 布を裁断し、縫い代のアイロン処理

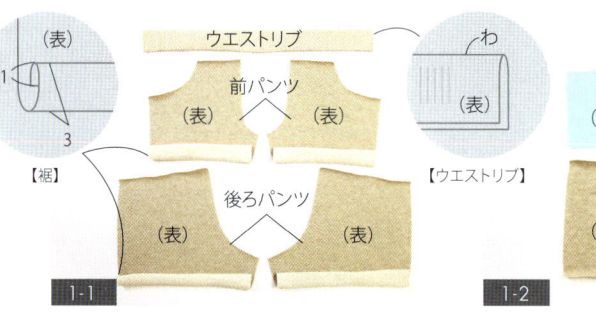

(表)
1
3
【裾】

ウエストリブ

前パンツ (表) (表)
後ろパンツ (表) (表)

わ
(表)
【ウエストリブ】

1-1 型紙に縫い代をつけて布を裁ち、ノッチを入れる。後ろポケットつけ位置は目打ち＋チャコペンで印をつける（P.78 参照）。前・後ろパンツの裾は外側に三つ折り、ウエストベルトは外表に半分にしてアイロンで折り目をつける。

前ポケット袋布 (表) (表)
前ポケット脇布 (表) (表)
接着芯
(裏)
後ろポケット
(裏)

1-2 後ろポケットのポケット口の縫い代には接着芯を貼り、ポケット口以外の縫い代を折る。

2 後ろポケットを作る

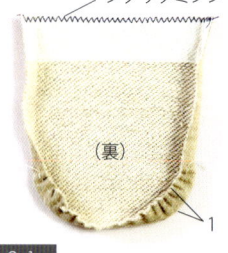

ジグザグミシン
(裏)
1

2-1 後ろポケット口の縫い代にジグザグミシンをかける。タグは好みで縫いつける。

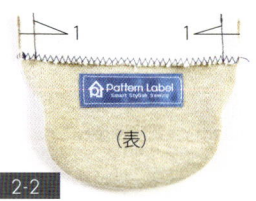

1 1
(表)

2-2 ポケット口の縫い代を中表に二つ折りして両端を縫う。

0.5
コバステッチ
(裏)

2-3 縫い代を表に返し、裏からコバステッチ、次に表から 0.5 ㎝幅のステッチをかける。

3 後ろパンツにポケットをつける

後ろパンツにポケットを重ね、好みでピスネームをはさみ、ダブルステッチで縫いつける。

後ろパンツ (表)

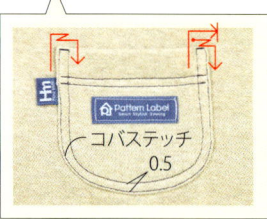

コバステッチ
0.5

ダブルステッチの Point !
コバステッチから続けて内側 0.5cm のところにステッチをかける。ポケット口の上端は返し縫いして補強する。

4 前脇ポケットを作る

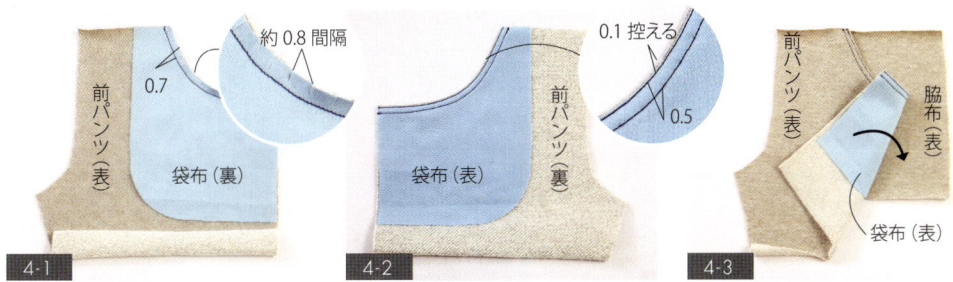

4-1 前パンツに袋布を中表に重ねて、ポケット口を縫い、約 0.8cm 間隔で縫い代に切り込みを入れる。

4-2 袋布を裏側に返し、ポケット口を0.1cm 控えてコバステッチをかけ、さらに 0.5cm 内側にステッチをかける。

4-3 袋布と脇布を中表に合わせ、袋布と脇布だけをまち針で止めておく。

4-4 袋布と脇布の端から 0.7cm のところを縫い、縫い代をジグザグミシンで始末する。

4-5 ポケット布のウエスト側と脇側をミシンで縫い止める。

Point ポケット口が少し浮くようになっているため、布端と合印を合わせて縫う

5 股上を縫う

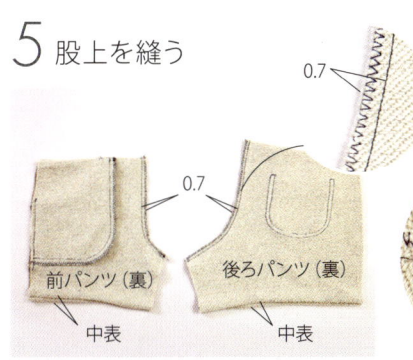

前パンツ 2 枚を中表に合わせて股上を縫い、縫い代をジグザグミシンで始末する。後ろパンツ 2 枚も同様に縫う。

6 両脇と股下を縫う

股上の縫い代は矢印の方向に互い違いに倒し、前パンツと後ろパンツを中表に合わせて両脇と股下を縫う。縫い代はジグザグミシンで始末して、両脇の縫い代は後側に、股下の縫い代は前側に倒す。

7 ウエストリブをつける

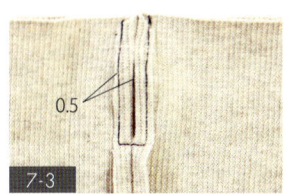

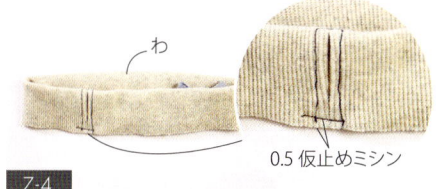

7-1 リボンを結び（P.21 参照）、ウエストリブの前中心にリボンを縫いつける。

7-2 ウエストリブの両端を中表に合わせて、ゴム通し口を残して縫う。

7-3 縫い代を割り、ゴム通し口の周りをステッチで押さえる。

7-4 ウエストリブを外表に半分に折り、縫い目を合わせてゴム通し口下の縫い代部分をステッチで押さえる。

Point ウエストリブはパンツのノッチに合わせて伸ばし気味に縫う

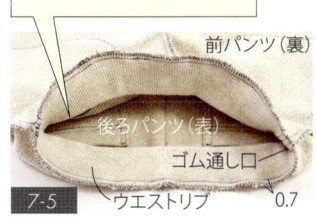

7-5 前パンツとウエストリブのリボン側を中表に合わせてウエストを縫い、縫い代はジグザグミシンで始末。

8 裾を始末し、ゴムを通す

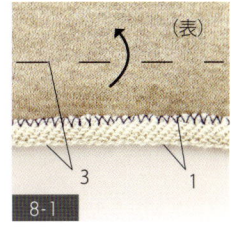

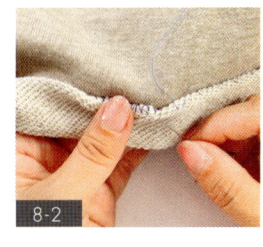

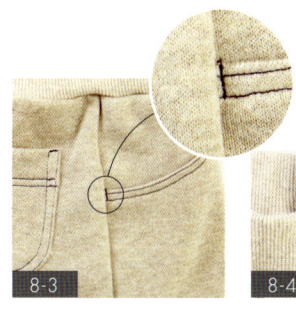

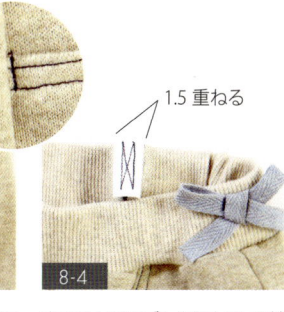

8-1 裾の縫い代にジグザグミシンをかけ、表側に三つ折りしてまち針で止める。

8-2 縫い代の折山の奥の方をまつり縫いで縫い止める。

8-3 ポケット口の脇側に、返し縫いをして補強する。

8-4 ウエストに平ゴムを通して、両端を重ねてミシンで縫い止める。

Cut and sewn

キッズトレーナー

男女兼用で使えるベーシックなトレーナーです。
動きやすい適度なゆとりと細めの袖がシルエットの特徴です。
布地は目の詰まった裏毛ニット（スウェット）を身頃に、
ネック、袖口、裾は、伸び戻りのよいスパンリブを使用します。
身頃とリブの配色を変えても可愛いです。
How to make P.94 (Lesson13)

※パンツは作品 E-1（P.30）を参照

Cut and sewn

P
ボタンカーデ

何にでも合わせやすいボタンあきのカーディガンです。

シンプルなデザインなので可愛いボタンやリボンをつけて。

中肉の天竺やダンボールニットなど伸縮性の低いニットがおすすめ。

見返しに布帛を使うと縫いやすく、型崩れも防げます。

男の子にはスナップボタンで重ねを逆にしたアレンジも。

How to make **P.106**

※ギャザースカートは作品B（P.19）を参照

Lesson 13

○ キッズトレーナー

（P.92）　実物大型紙D面

材料

※用尺は左から 100/110/120/130 cmサイズ
表布（グリーンの裏毛ニット）150 cm幅 ×45/50/50/55 cm
別布（グリーンのスパンリブ）50 cmW幅 ×25 cm（共通）
幅1 cm伸び止めテープ（後ろ肩線）…20 cm（共通）
※上記テープを幅 0.7 cmにカットして使用

縫い方順序

1　布を裁断し、リブ地のアイロン処理
2　リブを輪にして縫う
3　後ろ身頃の飾りをつける
4　前身頃の飾りステッチ
5　肩を縫う
6　身頃に衿リブをつける
7　身頃に袖をつける
8　袖下と両脇を縫う
9　裾と袖口のリブをつける

裁ち方図

※布の表面に型紙を配置して裁断する
※縫い代はすべて 0.7 cm
※用尺は上から 100/110/120/130 cm

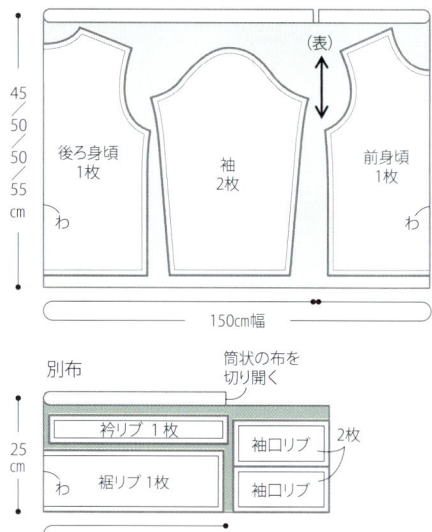

表布

45/50/50/55 cm

後ろ身頃 1枚　袖 2枚　前身頃 1枚　（表）

わ

150cm幅

別布

筒状の布を切り開く

25 cm

衿リブ 1枚　袖口リブ 2枚
裾リブ 1枚　袖口リブ

わ

50cmW幅（100cm）

Front　Back
（番号 7 6 5 4 3 9 8）

1 布を裁断し、リブ地のアイロン処理

1-1
型紙に縫い代をつけて布を裁ち、ノッチを入れる。後ろ身頃の両肩の縫い代に伸び止めテープを貼る。

伸び止めテープの貼り方
0.7 あける　伸び止めテープ
0.7
衿ぐり側
袖側
後ろ身頃（裏）

前身頃（裏）　後ろ身頃（裏）

幅1 cmの伸び止めテープを 0.7 cm分アイロンで貼り、0.3 cmはみ出した分をカットする。この時、袖側は 0.7 cmあけておく。伸び止めテープは縫い代に貼ってあれば縫い線にかからなくても OK。

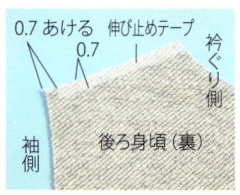

後ろ側ノッチ　前側ノッチ

左袖（裏）　右袖（裏）

1-2
袖のノッチは前側に1つ、後側に2つ入れる。これを前後を見分けるポイントにする。

Point
衿リブの前中心の前側に目印となるシールを貼っておくと良い。

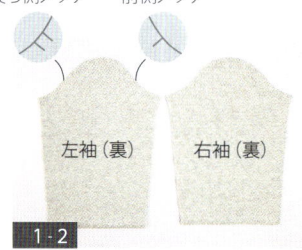 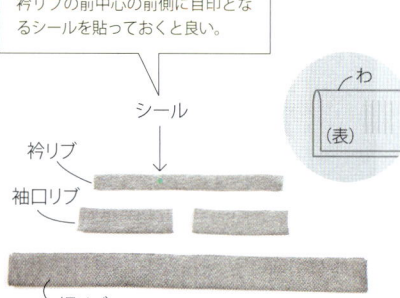

わ
（表）

シール
衿リブ
袖口リブ
裾リブ

1-3
衿リブ、袖口リブ、裾リブはすべて外表に半分に二つ折りにして、アイロンで折り目をつけておく。

2 リブを輪にして縫う

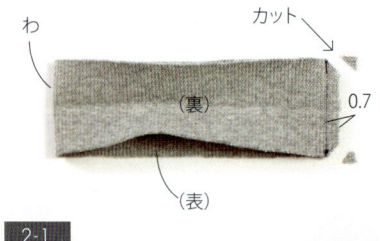 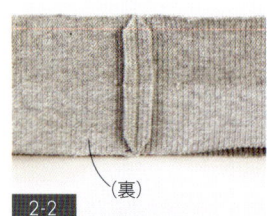

わ　カット
（裏）
0.7
（表）

（裏）

2-1
二つ折りにしたリブを広げて両端を中表に合わせて縫い、角の縫い代をカットする。

2-2
縫い代を割る。

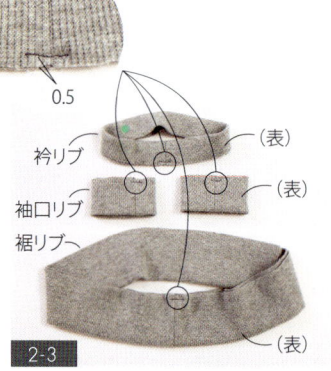

0.5
衿リブ　（表）
袖口リブ　（表）
裾リブ
（表）

2-3
すべてのリブを同様に輪に縫い、外表に二つ折りにしてミシンで止めておく。

3 後ろ身頃の飾り

後ろ身頃（表）

Pattern Label
Smart Stylish Sewing

コバステッチ

後ろ身頃にコバステッチでタグを好みで縫いつける。

4 前身頃の飾りステッチ

4-1 前身頃（表）

4-2 幅 0.5

前身頃に飾りステッチの印をつける（型紙上の●印を目打ちで印つけし、定規とチャコペンで線を描く）。

ミシンのジグザグ縫いや裁ち目かがり縫いなどを利用して飾りステッチをする。

5 肩を縫う

5 後ろ身頃（表）　前身頃（裏）

0.7

前身頃と後ろ身頃を中表に合わせて肩を縫う。縫い代は 2 枚一緒にジグザグミシンで始末して後ろ側に倒す。

> **リブ地の縫い合わせPoint！**
> リブの方が少し短いので、身頃に合わせてリブのみを伸ばしぎみに縫う。

6 身頃に衿リブをつける

6 後ろ身頃（裏）

6-1 ノッチ　右肩　わ　縫い目　後ろ身頃（表）

6-2 後ろ身頃（表）　前身頃（表）

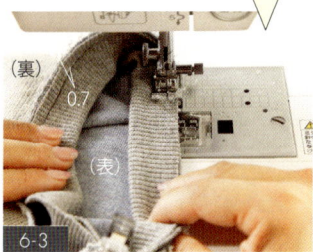

6-3 0.7 （裏）

肩の角の縫い代を布用のりで後ろ側に固定しておく。

右肩のすぐ横の後ろ身頃のノッチに、衿リブの縫い目を合わせる。

前中心と両肩のノッチも合わせて布用クリップで仮止めをする。

リブを上にしてぐるりと縫う。縫い始めと縫い終わりは返し縫いをする。

6-4 （裏）

（表）

縫い代は 3 枚一緒にジグザグミシンで始末して、身頃側に倒す。

7 身頃に袖をつける

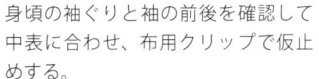

7-1 前身頃（表）　後ろ身頃（表）　右袖（裏）

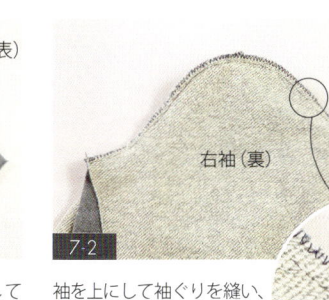

7-2 右袖（裏）　0.7

身頃の袖ぐりと袖の前後を確認して中表に合わせ、布用クリップで仮止めする。

袖を上にして袖ぐりを縫い、縫い代は 2 枚一緒にジグザグミシンで始末する。

8 袖下と両脇を縫う

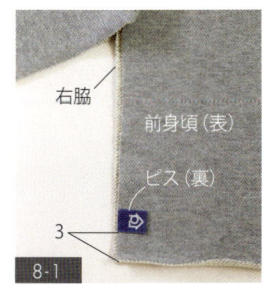

8-1 右脇　前身頃（表）　ピス（裏）　3

8-2 右袖（裏）　前身頃（裏）　前身頃　袖　後ろ身頃　袖

袖下の交点の縫い代は後ろ身頃側の縫い代をねじって互い違いに倒す。

0.7

ピスネームをつける場合は、右脇の裾から 3 ㎝（縫い代込み）のところに布用のりで仮止めしておく。

身頃と袖を中表に合わせて、袖下と両脇を続けて縫い、縫い代は 2 枚一緒にジグザグミシンで始末して後ろ側に倒す。

9 裾と袖口のリブをつける

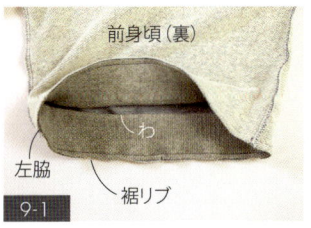

9-1 前身頃（裏）　わ　左脇　裾リブ

身頃（裏）　袖（裏）　わ　縫い目を合わせる　袖リブ

9-2 0.7

裾リブの縫い目と身頃の左脇を合わせて、衿リブと同様に縫い、縫い代を同様に始末して身頃側に倒す。

袖口リブの縫い目と袖下を合わせて縫い、縫い代も同様に始末して袖側に倒す。

column2

簡単なサイズ補正の仕方

この本に掲載している型紙は5ページに掲載の標準サイズを元に作っています。
同じ身長のお子様でも、ぽっちゃりタイプ、ほっそりタイプで、型紙のサイズ選びで迷ってしまう方もいらっしゃると思います。
型紙の拡大縮小コピーはシルエットが崩れてしまうのと、着脱ができなくなる可能性もありますのでおすすめできません。
ここでは初心者さん向けの簡単な型紙の補正の仕方を2種類ご紹介します。

A／型紙の身幅を簡単に補正する方法

着脱の問題やラインに影響しないよう、前中心や後ろ中心のライン、脇や袖ぐり、衿ぐりのラインは変更せずに、身幅だけを変える方法です。

前・後ろ身頃は同様に補正しましょう。前・後ろ身頃をそれぞれ＋0.5cm（もしくは -0.5cm）変更すると、胸回りが合計＋2cm（もしくは -2cm）補正できることになります。

0.5cm 以上の補正はシルエットが崩れてしまうのでおすすめしません。

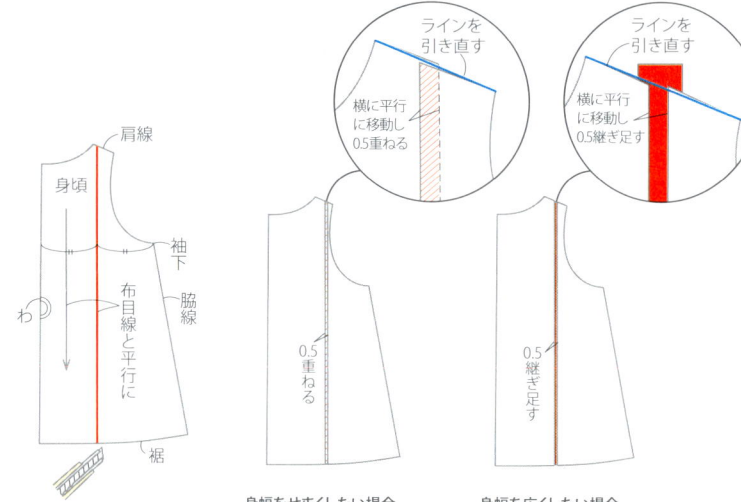

写し取った型紙の袖下のラインを横に二等分し、布目線と並行に肩から裾のラインで型紙を切り離します。

身幅をせまくしたい場合
切り離した型紙をサイズを小さくする場合は0.5cm並行に重ねてのりで貼り合わせます。

身幅を広くしたい場合
大きくする場合は紙を0.5cm 継ぎ足してのりで貼り合わせます。

B／全体的に少し詰める、または少し大きくする場合

通常と同様に布を裁ち、縫い線の0.1～0.3cm内側または外側を縫うことで胸回りが0.4～1.2cm増減できます。

少し詰めたい場合
縫い線よりも0.1～0.3cm内側の平行のラインを縫います。衿ぐり部分はそのままのラインでもOKですが詰めたい場合はでき上がり線より縫い代側を縫います。

少し大きくしたい場合
縫い線の外側 0.1～0.3cm 平行のラインを縫います。衿ぐり部分はそのままのラインでもOKですが大きくしたい合は縫い代より身頃側を縫います。

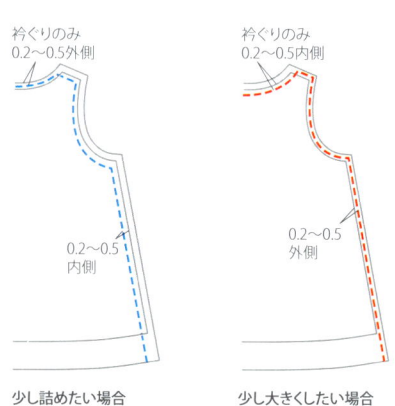

少し詰めたい場合　　少し大きくしたい場合

How to make

◆ 作り方図の中の数字は cm 単位で表記しています。

◆ 本書の型紙には縫い代が含まれていません。裁ち方図を参考に縫い代を加えてください。

◆ 裁ち方図は 130cm サイズの配置例を掲載しています。他のサイズの場合は少しスペースを詰めて配置できる場合があります。

◆ 裁ち方図通りに布を折る場合は外表に折りたたみ、型紙は布の表に配置します。

◆ 材料の布の用尺は柄合わせをしない場合のものです。柄合わせをする場合は 10〜20% 多めに用意しましょう。

◆ 材料に表記してあるゴムテープの寸法は、1〜1.5cm の縫い代の重なり分を含んでいます。
　この寸法を目安にお子様に合わせて調整してください。

Mini Lesson

まつり縫い

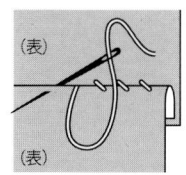

針を斜めに刺し、下の布をすくって上の布の折山を少しすくい縫い止める。

布ループの作り方（ループ返しの使い方）

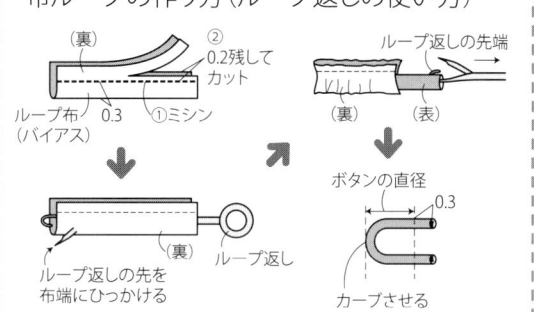

ボタンホールの大きさについて

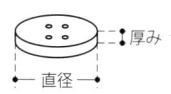

★＝ボタンの直径＋
ボタンの厚み
（0.2cm程度）

ボタンホールの内径を
★cmで設定する

※ボタンホールの作り方はP69参照

スナップボタンのつけ方

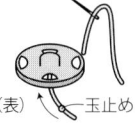 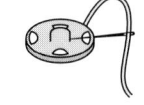 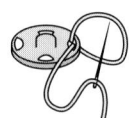

①糸端に玉止めを作り、布（表）からひと針すくってボタン穴の横に糸を出す。

②①のすぐ隣から針を入れく穴から針を出す。

③ループの間に針を通しく糸を引く。

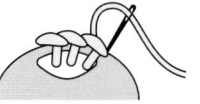 

④同様に 3 回ほど②③を繰り返し、次の穴へ移動する。

⑤でき上がり。

四つ穴ボタンのつけ方

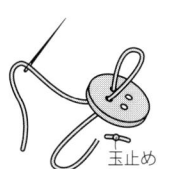 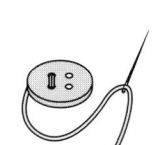 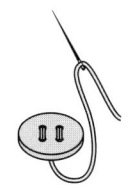

①糸端に玉止めを作り、布（表）からひと針すくい、ボタンに通す。

②①を 2〜3 回繰り返す。

③同様に隣りの穴にも糸を通す。

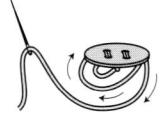 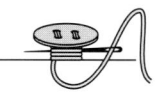 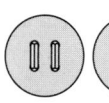

④糸足に 2〜3 回糸を巻く。

⑤巻き終わりは糸足の中に針を通してから裏に針を出して玉止めする。

④でき上がり（左）。右の刺し方もおすすめ。

F-2
ニッカーボッカーズ

（P.36）　実物大型紙 C 面

材料

※用尺は左から 100/110/120/130 cm サイズ
表地（ベージュの中厚コットン）110 cm 幅 ×
80/90/100/110cm
ゴムテープ（8 コール・ウエスト分）…40/43/46/
49cm を 2 本・（裾分）…19/20/21/22cm を 6 本

縫い方順序

1　布を裁断し、縫い代のアイロン処理をする
2　後ろパンツに後ろポケットをつける
　　（P.32-2 参照）
3　前パンツに前ポケットをつける
4　前・後ろパンツの股上を縫う
5　両脇と股下を縫う
6　前ポケット位置にステッチをする
7　ウエストベルトをつける（P.34-7 参照）
8　裾を三つ折り始末する
9　ウエストと裾にゴムテープを通す

裁ち方図

※指定以外の縫い代は 1 cm
※用尺は上から 100/110/120/130 cm
表布

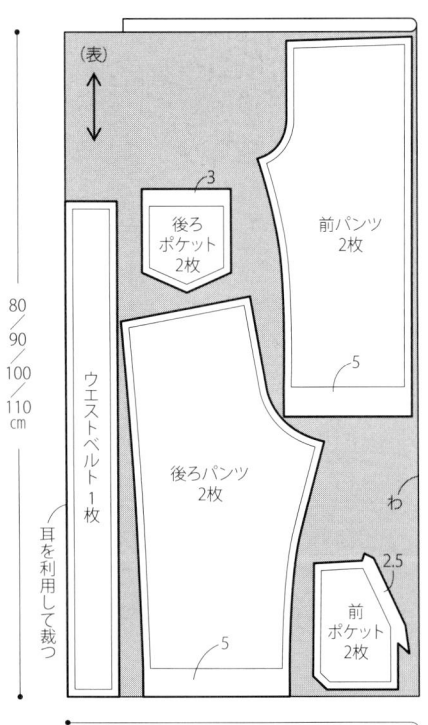

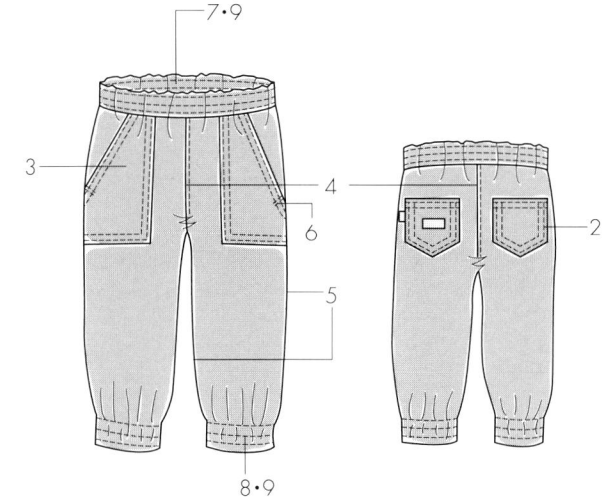

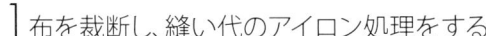

1 布を裁断し、縫い代のアイロン処理をする

指定パーツの縫い代をアイロンで折る

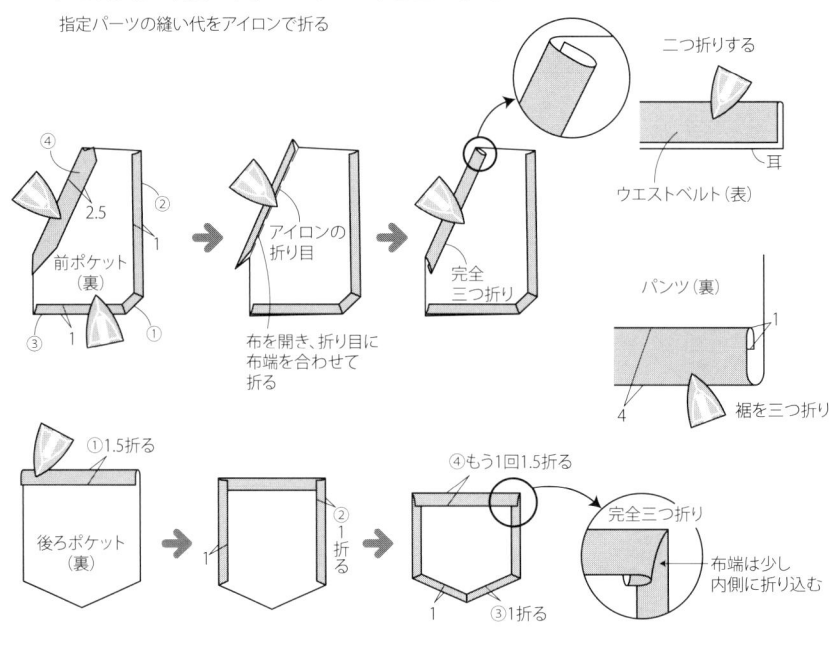

3 前パンツに前ポケットをつける

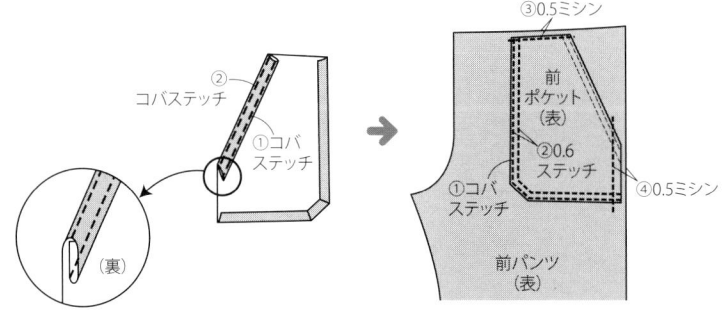

098

4 股上を縫う

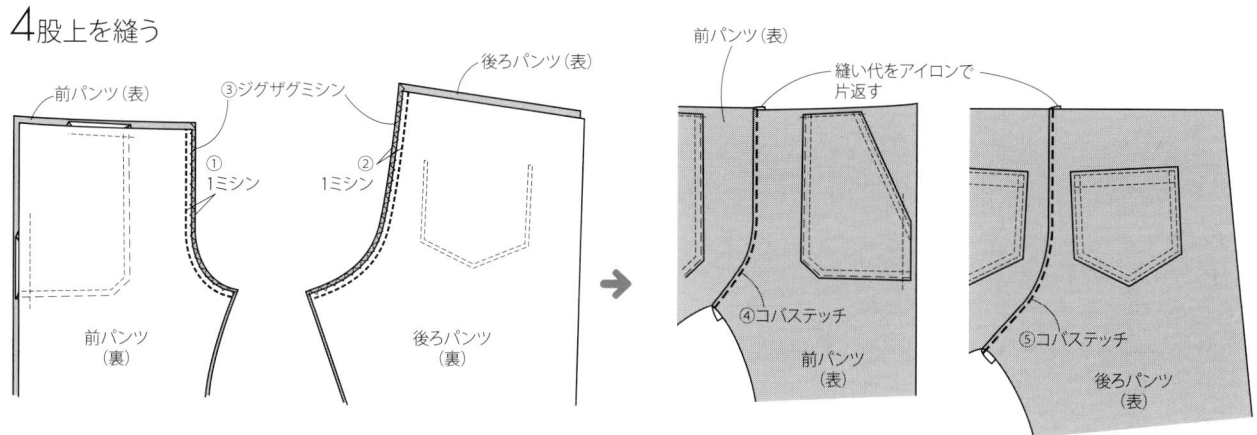

前パンツ（表）
③ジグザグミシン
①
1ミシン

後ろパンツ（表）
②
1ミシン

前パンツ（裏）
後ろパンツ（裏）

前パンツ（表）
縫い代をアイロンで片返す

④コバステッチ
前パンツ（表）

⑤コバステッチ
後ろパンツ（表）

5 両脇と股下を縫う

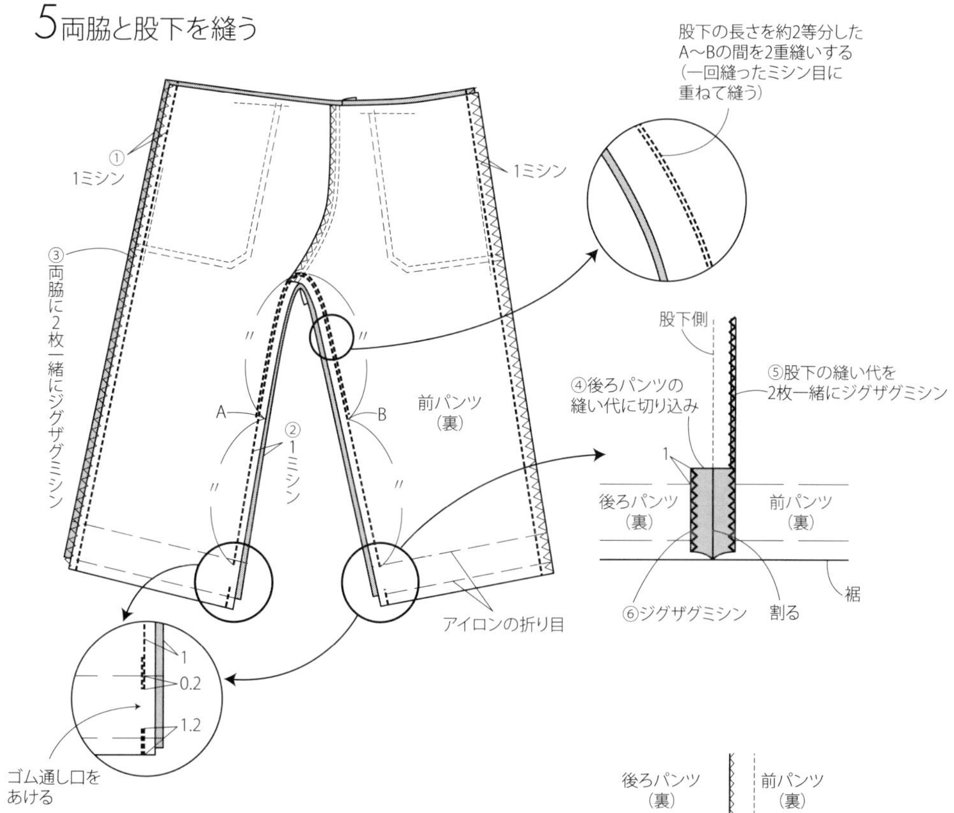

①
1ミシン

③両脇に2枚一緒にジグザグミシン

1ミシン

A   B

②
1ミシン

前パンツ（裏）

アイロンの折り目

1
0.2
1.2

ゴム通し口をあける

股下の長さを約2等分したA〜Bの間を2重縫いする（一回縫ったミシン目に重ねて縫う）

股下側

④後ろパンツの縫い代に切り込み

⑤股下の縫い代を2枚一緒にジグザグミシン

1

後ろパンツ（裏）   前パンツ（裏）

⑥ジグザグミシン   割る   裾

6 前ポケット位置にステッチをする

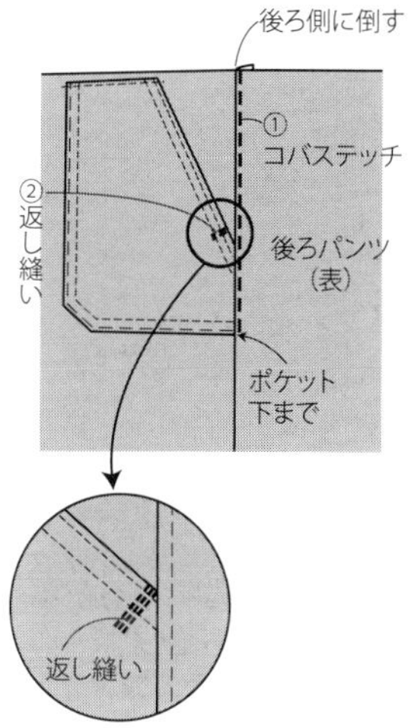

後ろ側に倒す

①コバステッチ

②返し縫い

後ろパンツ（表）

ポケット下まで

返し縫い

8 裾を三つ折り始末する

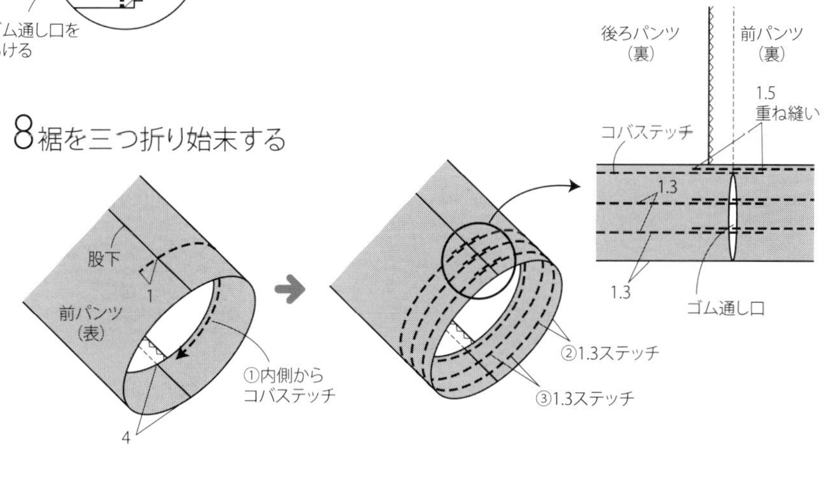

股下
1
前パンツ（表）

①内側からコバステッチ

4

②1.3ステッチ
③1.3ステッチ

後ろパンツ（裏）   前パンツ（裏）

1.5重ね縫い

コバステッチ

1.3

1.3

ゴム通し口

9 ウエストと裾にゴムテープを通す

※ウエストのゴムの通し方はP.27-5参照

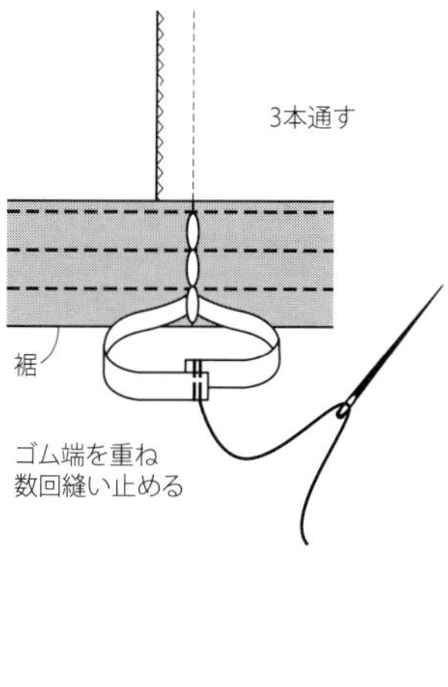

3本通す

裾

ゴム端を重ね数回縫い止める

G-2

フリルスモック

（P.43）　実物大型紙 B 面

材料

※用尺は左から 100/110/120/130 cmサイズ
表布（オレンジのボイル地）110cm 幅 ×105/110/
120/130 cm
ゴムテープ（6 コール・衿ぐり分）…40/42/44/46
cmを 1 本・（袖口分）…18 cm（共通）を 2 本

縫い方順序

1　布を裁断し、縫い代のアイロン処理をする
2　前身頃にポケットをつける（P.44-2 参照）
3　前・後ろ身頃に袖を縫い合わせる（P.45-3 参照）
4　衿フリルを接いで輪にする
5　衿フリルの端を三巻縫いで始末する
6　衿ぐりに衿フリルをつける
7　袖下と脇を続けて縫う
8　縫い代をジグザグミシンで始末する
　　（P.45-6 参照）
9　裾と袖口を三つ折りして縫う
10　衿ぐりと袖口にゴムを通す

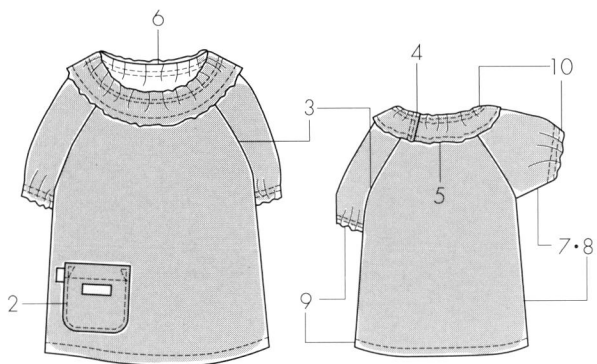

裁ち方図

※指定以外の縫い代は 1 cm
※用尺は上から 100/110/120/130 cm
表布

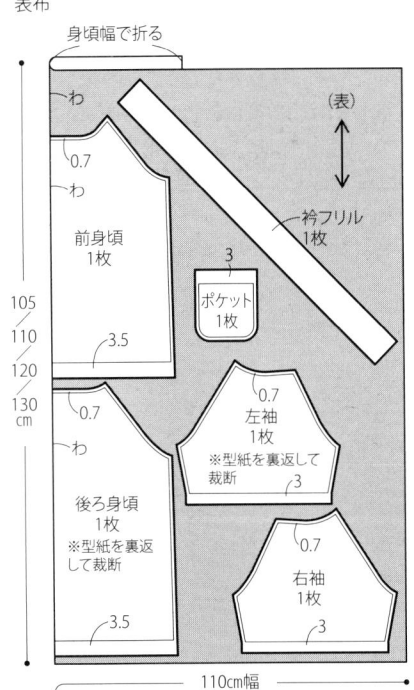

4 衿フリルを接いで輪にする

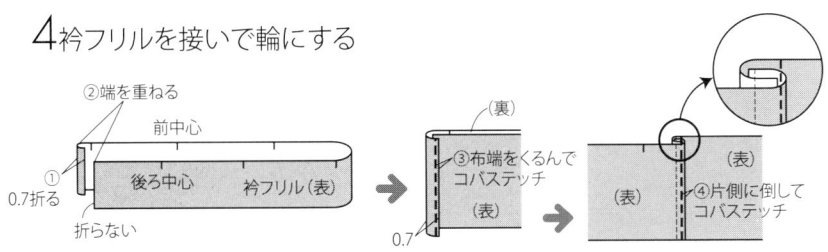

5 衿フリルの端を三巻縫いで始末する

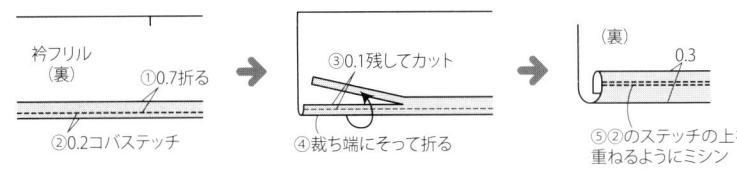

6 衿ぐりに衿フリルをつける

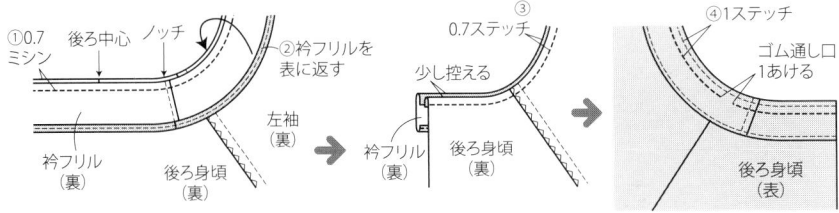

7 袖下と脇を続けて縫う

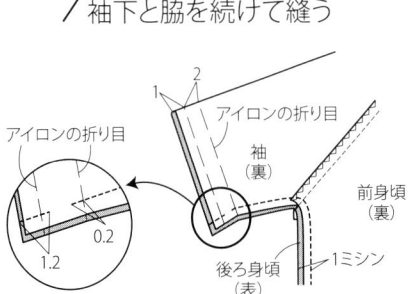

9 裾と袖口を三つ折りして縫う

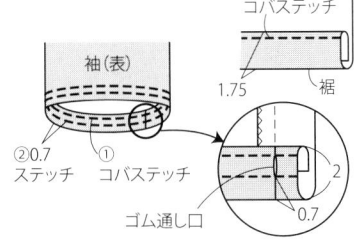

H-2
フリルワンピ
（P.49） 実物大型紙 A 面

材料
※用尺は左から 100/110/120/130 cmサイズ
表布（ピンクのコットンシャンブレー）110 cm幅
×90/95/100/110 cm
接着芯（後ろあき見返し分）10 cm ×15 cm
幅 1 cmサテンリボン…35 cmを 2 本

縫い方順序
1 布を裁断し、縫い代のアイロン処理をする
2 前身頃のタックを縫う（P.50-2 参照）
3 脇シームポケットをつける（P.55-3 参照）
4 後ろあきのリボンをつける（P.50-3 参照）
5 後ろあきの始末をする（P.50-4 参照）
6 肩を縫う（P.51-5 参照）
7 衿ぐりの始末をする（P.51-6 参照）
8 袖フリル端を三つ巻き縫いする（P.51-7 参照）
9 袖フリルにギャザーを寄せて身頃につける
　（P.51-8 参照）
10 袖ぐりをバイアス布で始末する（P.51-9 参照）
11 両脇を縫う（P.56-7 参照）
12 裾フリルを作る
13 身頃に裾フリルをつける

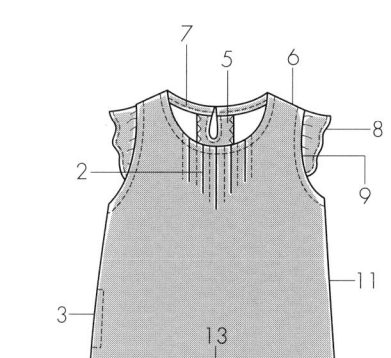

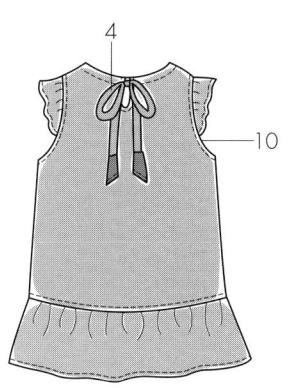

裁ち方図
表布

※指定以外の縫い代は 1 cm
※用尺は上から 100/110/120/130 cm
※斜線部分（後ろあき見返し）の裏に接着芯を貼る

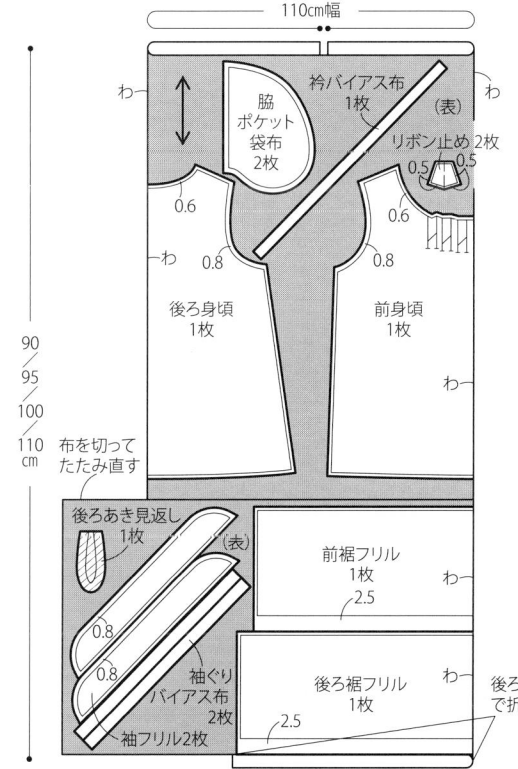

1 布を裁断し、縫い代のアイロン処理をする

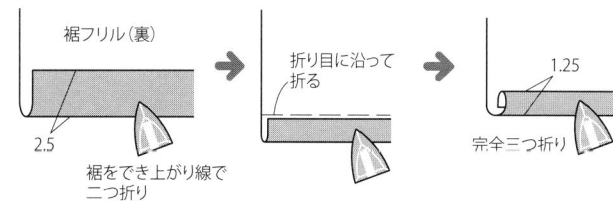

裾フリル（裏）
2.5
裾をでき上がり線で
二つ折り
折り目に沿って
折る
1.25
完全三つ折り

※その他のパーツのアイロン処理はP.50を参照（身頃の縫い代は折らない）

12 裾フリルを作る

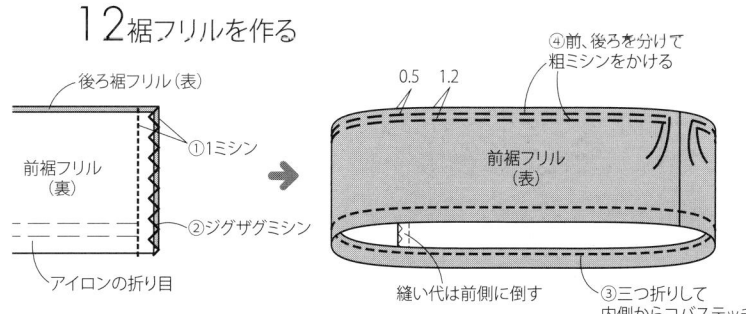

13 身頃に裾フリルをつける

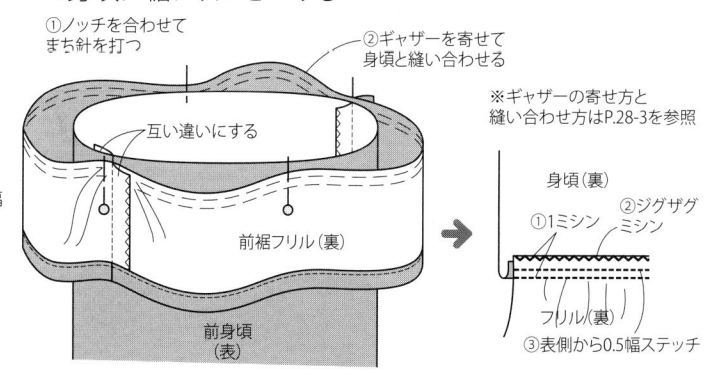

J-2
切り替えブラウス

（P.61）　実物大型紙 B 面

材料

※用尺は左から 100/110/120/130 cmサイズ
表布（リバティプリント）110 cm幅 ×80/85/90/100 cm
別布（綿ブロード）90 cm幅 ×20 cm
接着芯（前立て布分）15 cm ×25 cm
直径 1 cmボタン…4 個

縫い方順序

1　布を裁断し、縫い代のアイロン処理をする
2　ヨークと見返しの肩を縫い、衿ぐりを縫い合わせる（P.62-3 参照）
3　身頃に粗ミシンをかけ、ギャザーを寄せる
4　身頃とヨーク・見返しを縫い合わせる（P.63-4 参照）
5　前立てを作る
6　身頃に袖をつける
7　袖下と脇を続けて縫い、スリットあきを作る
8　袖口と裾を三つ折りして縫う（P.56-10 参照）
9　ボタンホールをあけて、ボタンをつける（P.69-15 参照）

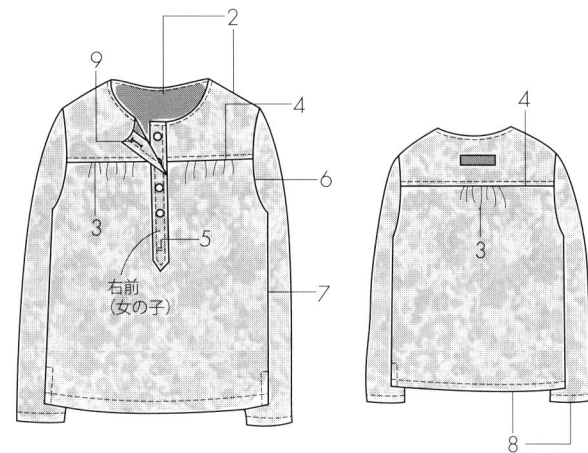

右前
（女の子）

1 布を裁断し、縫い代のアイロン処理をする

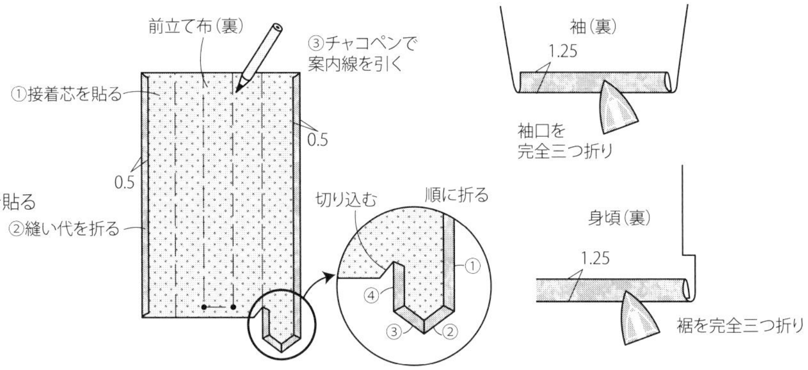

前立て布（裏）
①接着芯を貼る
③チャコペンで案内線を引く
②縫い代を折る
0.5
0.5
切り込む
順に折る
①
④
③
②

袖（裏）
1.25
袖口を完全三つ折り

身頃（裏）
1.25
裾を完全三つ折り

3 身頃に粗ミシンをかけ、ギャザーを寄せる

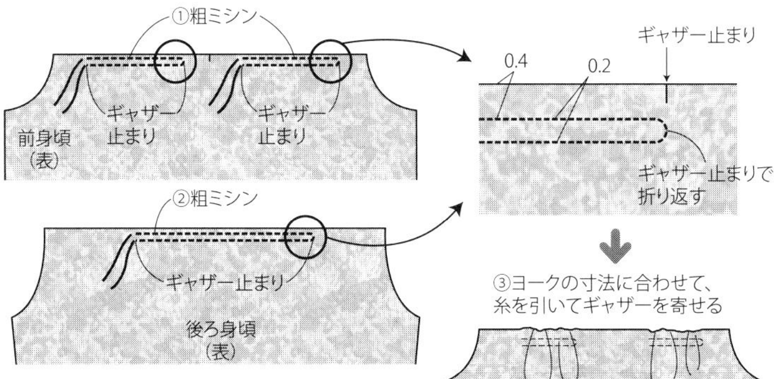

①粗ミシン
ギャザー止まり
ギャザー止まり
前身頃（表）

②粗ミシン
ギャザー止まり
後ろ身頃（表）

0.4　0.2
ギャザー止まり
ギャザー止まりで折り返す

③ヨークの寸法に合わせて、糸を引いてギャザーを寄せる

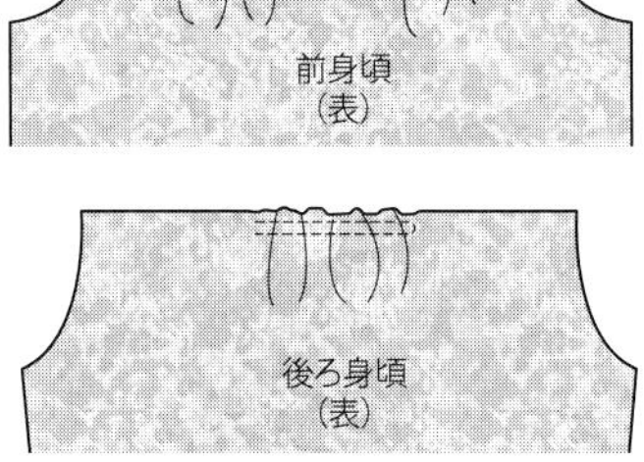

前身頃（表）

後ろ身頃（表）

裁ち方図
表布

※指定以外の縫い代は 1 cm
※用尺は上から 100/110/120/130 cm
※斜線部分（前立て布）の裏に接着芯を貼る

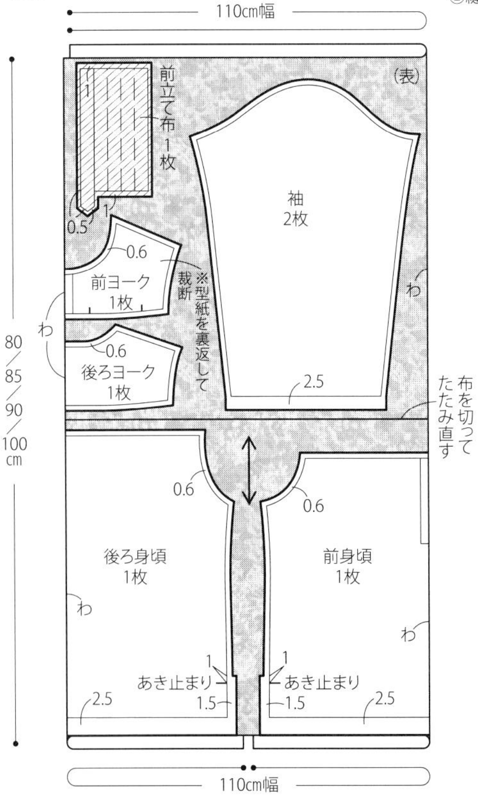

110cm幅

（表）

前立て布1枚
1
0.5
1

前ヨーク1枚
0.6

後ろヨーク1枚
0.6

袖2枚

※型紙を裏返して裁断

2.5

わ

わ

布を切ってたたみ直す

80/85/90/100 cm

0.6

0.6

後ろ身頃1枚

前身頃1枚

わ

わ

1　1
あき止まり　あき止まり
2.5　1.5　1.5　2.5

110cm幅

別布

（表）

わ　後ろ見返し　0.6　0.6　前見返し　わ

20

90cm幅

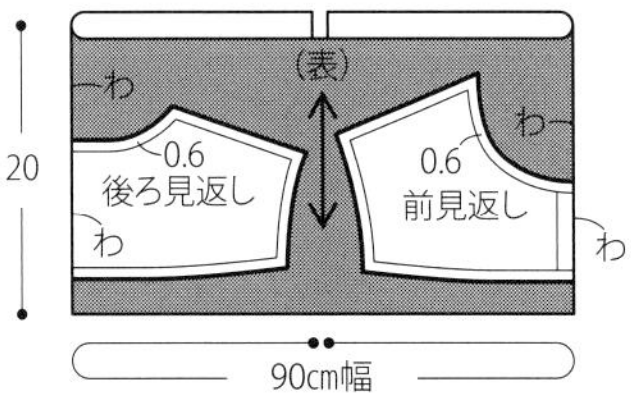

5 前立てを作る

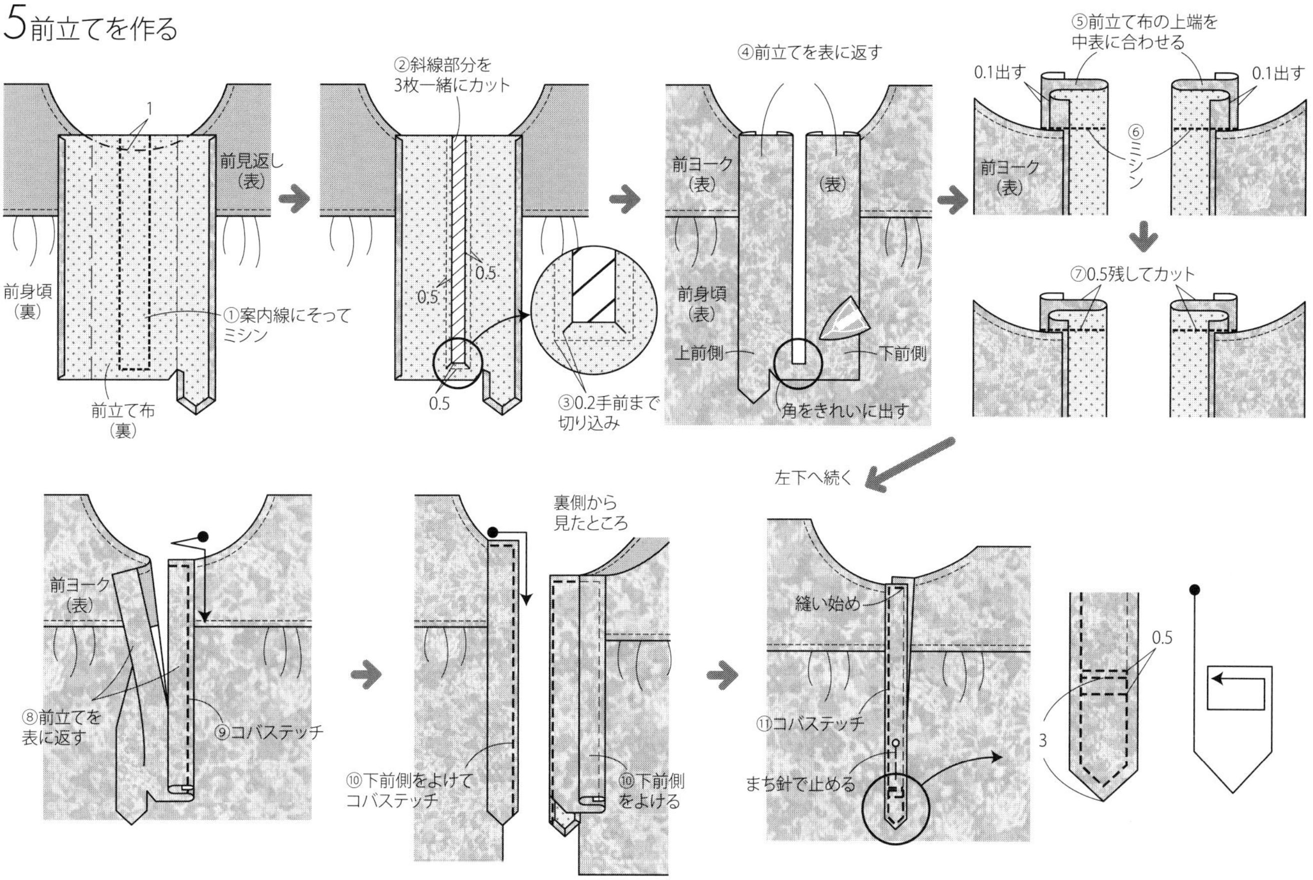

1

前見返し（表）

前身頃（裏）

①案内線にそってミシン

前立て布（裏）

②斜線部分を3枚一緒にカット

0.5

0.5

0.5

③0.2手前まで切り込み

④前立てを表に返す

前ヨーク（表）

（表）

前身頃（表）

上前側　下前側

角をきれいに出す

⑤前立て布の上端を中表に合わせる

0.1出す　0.1出す

前ヨーク（表）　⑥ミシン

⑦0.5残してカット

左下へ続く

前ヨーク（表）

⑧前立てを表に返す　⑨コバステッチ

裏側から見たところ

⑩下前側をよけてコバステッチ

⑩下前側をよける

縫い始め

⑪コバステッチ

まち針で止める

0.5

3

6 身頃に袖をつける

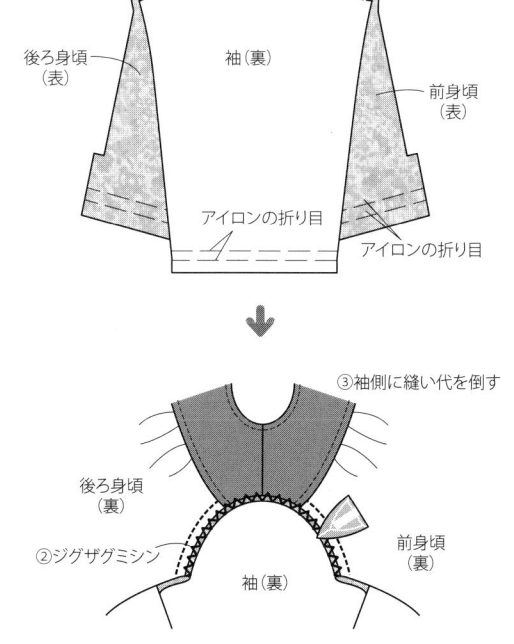

後ろヨーク（表）　前ヨーク（表）

①1ミシン

後ろ身頃（表）

袖（裏）

前身頃（表）

アイロンの折り目

アイロンの折り目

③袖側に縫い代を倒す

後ろ身頃（裏）

②ジグザグミシン

前身頃（裏）

袖（裏）

7 袖下と脇を続けて縫い、スリットあきを作る

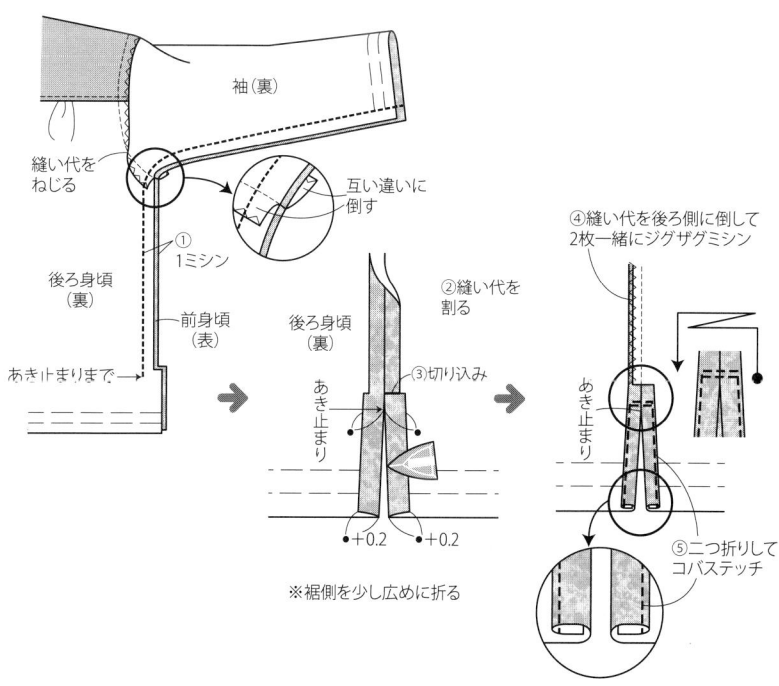

袖（裏）

縫い代をねじる

互い違いに倒す

①1ミシン

後ろ身頃（裏）

前身頃（表）

あき止まりまで

②縫い代を割る

③切り込み

後ろ身頃（裏）

あき止まり

＋0.2　＋0.2

※裾側を少し広めに折る

④縫い代を後ろ側に倒して2枚一緒にジグザグミシン

あき止まり

⑤二つ折りしてコバステッチ

M-2
ボートネックワンピ
（P.83）　実物大型紙 D 面

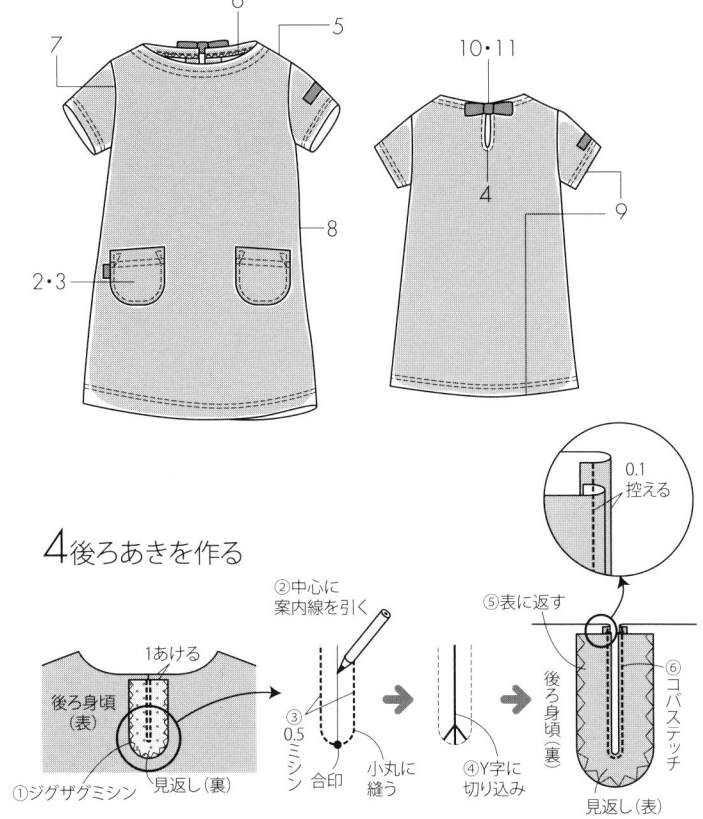

7　身頃に袖をつける（P.85-5 参照）
8　袖下と脇を続けて縫う（P.85-6 参照）
9　袖口と裾を二つ折りして縫う（P.85-7 参照）
10　リボンを作る
11　リボンをつける

材料
※用尺は左から 100/110/120/130cm サイズ
表布（深緑のミニ裏毛）170cm幅×55/65/70/80cm
別布（綿ブロード）20cm×15cm
接着芯（見返し・ポケット口・リボン・リボン帯分）25cm
幅×15cm
幅1cm伸び止めテープ（後ろ肩線）…20cm
※上記テープを幅0.7cmにカットして使用
直径0.8cmスナップボタン…1組
※家庭用ミシンでニット地を縫う場合は、ニット用の針と糸、
接着芯を使用（P.79 参照）

縫い方順序
1　布を裁断し、縫い代のアイロン処理をする（袖
　　口と裾はでき上がり線で二つ折り、ポケットは
　　P.90-2 と同様に）
2　ポケットを作る（P.90-2 参照）
3　ポケットをつける（P.90-3 参照）
4　後ろあきを作る
5　肩を縫う（P.85-3 参照）
6　衿ぐりを二つ折りして縫う（P.85-4 参照）

裁ち方図
別布

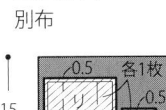

※指定以外の縫い代は0.7cm
※用尺は上から 100/110/120/130cm
※斜線部分（見返し・ポケット口・リ
ボン・リボン帯）の裏に接着芯を貼る

表布

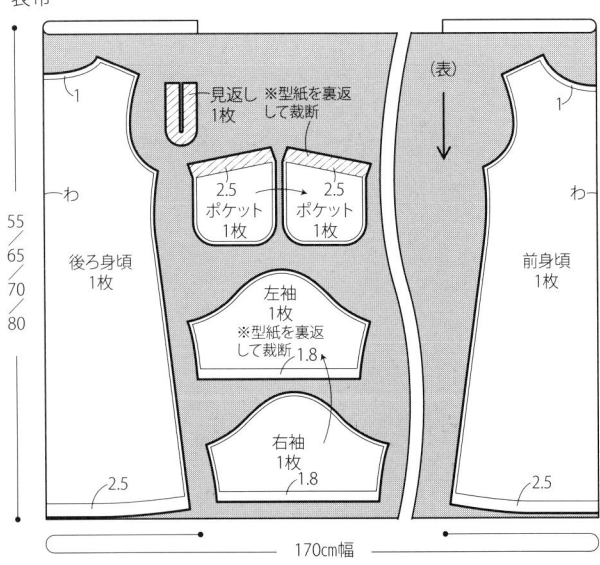

4 後ろあきを作る

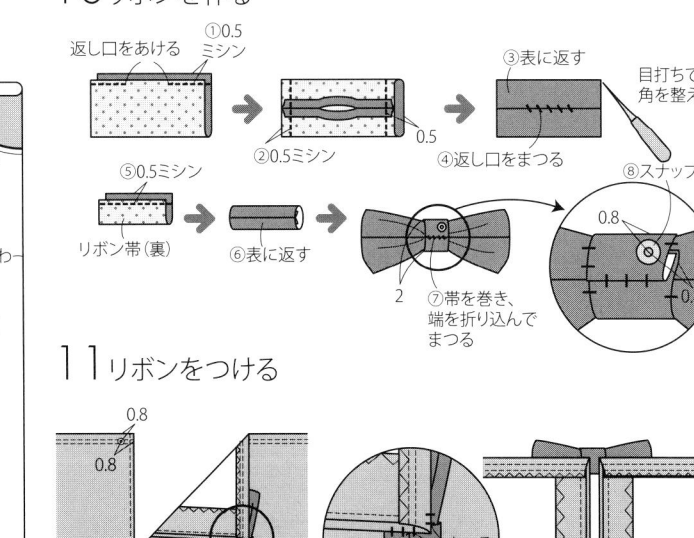

10 リボンを作る

11 リボンをつける

N-1

ニットハーフパンツ

(P.88)　実物大型紙 D 面

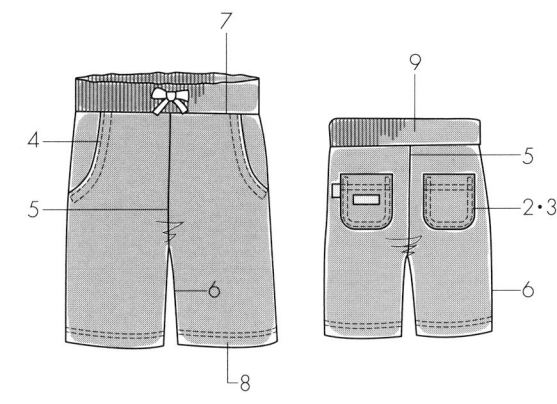

材料

※用尺は左から 100/110/120/130 cmサイズ
表布（黄色の裏毛）150 cm幅 ×35/40/45/50 cm
別布（スレキ）40cm×20 cm
リブ地（スパンリブ）50cmW 幅 ×10 cm
接着芯（後ろポケット口分）…15×10 cm
3 cm幅平ゴム（ウエスト分）…47/50/53/56 cmを1本
1 cm幅綾テープ（前目印用）…25 cmを1本
※家庭用ミシンでニット地を縫う場合は、ニット用
の針と糸、接着芯を使用（P.79 参照）

縫い方順序

1　布を裁断し、縫い代のアイロン処理をする（P.90-1
　　参照）
2　後ろポケットを作る（P.90-2 参照）
3　後ろパンツに後ろポケットをつける（P.90-3 参照）
4　前脇ポケットを作る（P.91-4 参照）
5　股上を縫う（P.91-5 参照）
6　両脇と股下を縫う（P.91-6 参照）
7　ウエストリブをつける（P.91-7 参照）
8　裾を二つ折りで始末する
9　ゴムを通す（P.91-8 参照）

裁ち方図

※指定以外の縫い代は 0.7cm
※用尺は上または左から 100/110/
120/130cm
※斜線部分に接着芯を貼る

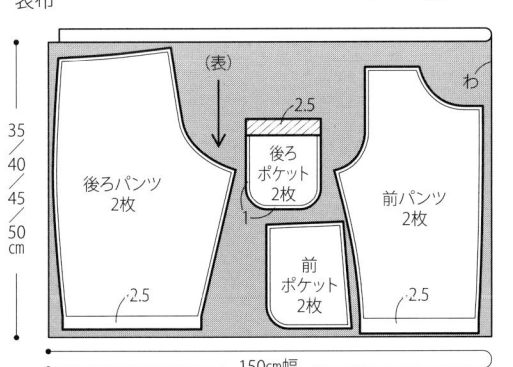

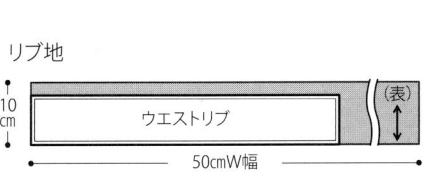

1 布を裁断し、縫い代のアイロン処理をする

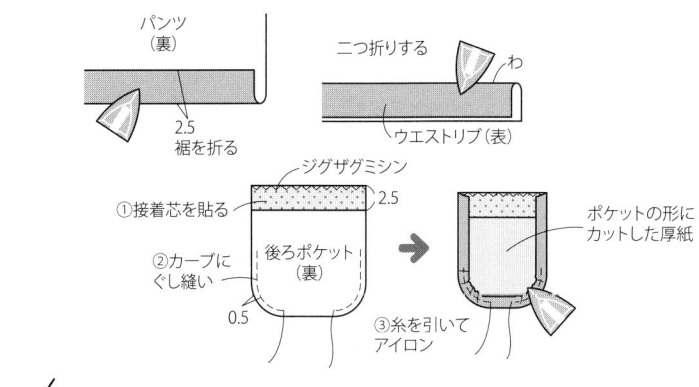

6 両脇と股下を縫う

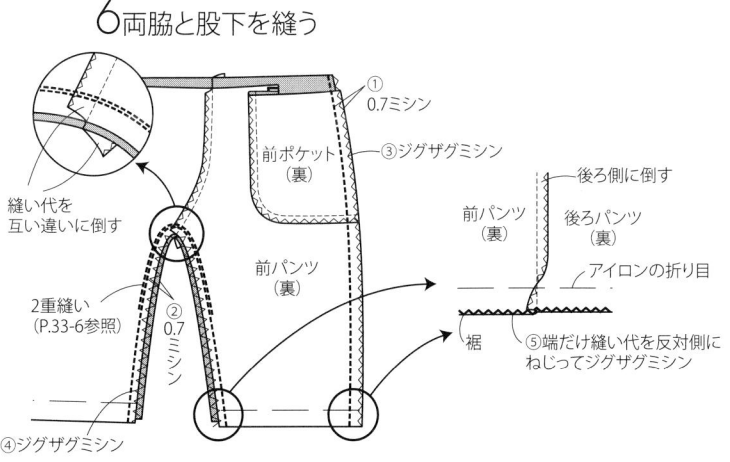

8 裾を二つ折りにする

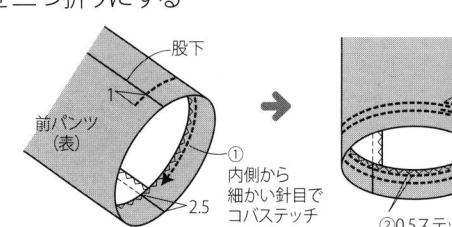

P

ボタンカーデ

（P.93）　実物大型紙 A 面

材料

※用尺は左から 100/110/120/130 cmサイズ
表布（ダンボールニット）180 cm幅 ×45/50/55/55 cm
別布 A（リバティプリント）60 cm幅 ×45/50/55/55 cm
別布 B（綿ブロード）30 cm ×10 cm
接着芯（前見返し・後ろ見返し分）45 cm ×45/50/55/55 cm
幅 1 cm伸び止めテープ（後ろ肩線）…20 cm
※上記テープを幅 0.7 cmにカットして使用
直径 1cm ボタン…5 個
長さ 2cm 造花ピン…2 個
※家庭用ミシンでニット地を縫う場合は、ニット用の針と糸、接着芯を使用（P.79 参照）

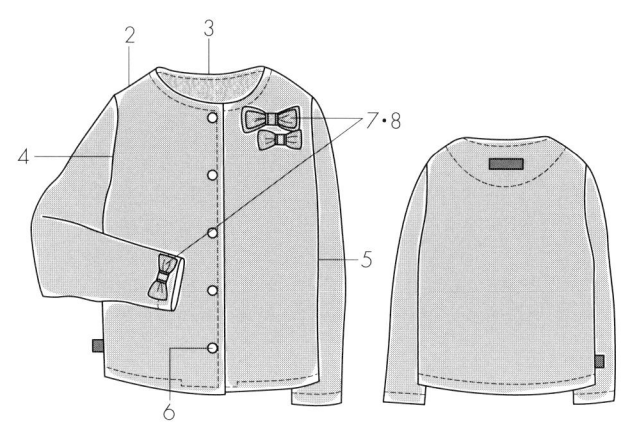

縫い方順序

1　布を裁断し、縫い代のアイロン処理をする
2　肩を縫う
3　身頃に見返しをつける
4　身頃に袖をつける
5　袖下と脇を続けて縫い、袖口と裾を始末する
6　ボタンホールをあけて、ボタンをつける
7　リボンを作る
8　身頃にリボンをつける

裁ち方図

※指定以外の縫い代は 0.7 cm
※用尺は上から 100/110/120/130 cm
※斜線部分に接着芯を貼る

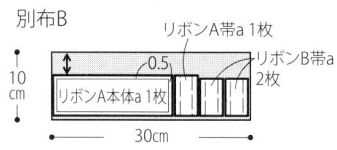

別布B

10cm

リボンA本体a 1枚　−0.5　リボンB帯a 2枚
リボンA本体1枚

30cm

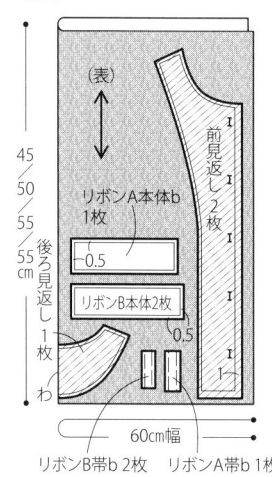

別布A

45/50/55/55 cm

（表）

前見返し 2枚
リボンA本体b 1枚
−0.5
リボンB本体2枚
後ろ見返し 1枚
−0.5
わ

60cm幅

リボンB帯b 2枚　リボンA帯b 1枚

表布

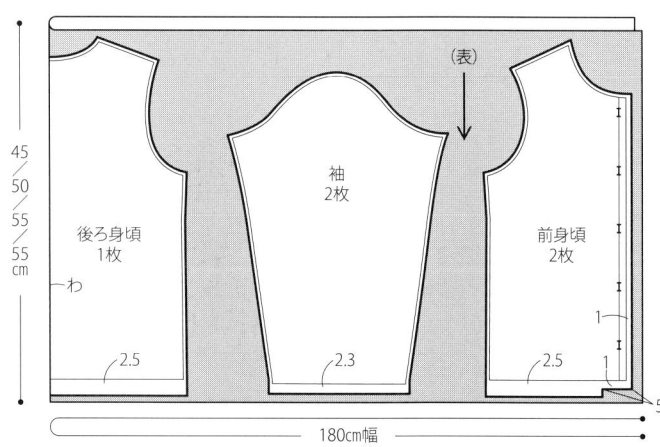

45/50/55/55 cm

後ろ身頃 1枚
わ
2.5

（表）

袖 2枚
2.3

前身頃 2枚
2.5
1
1
5

180cm幅

1 布を裁断し、縫い代のアイロン処理をする

0.7　0.7
0.7　　　　0.7
伸び止めテープ
※伸び止めテープの貼り方はP.79参照

後ろ身頃（裏）

2.5

指定パーツに接着芯を貼り、各パーツの縫い代をアイロンで折る

袖（裏）
2.3
袖口
ジグザグミシンをかけておく

前身頃（裏）
2.5
裾

接着芯を貼る

後ろ見返し（裏）
0.7

前見返し（裏）
0.7
ジグザグミシン

アイロンの折り目

2 肩を縫う

①0.7ミシン
後ろ身頃（表）
③縫い代を後ろ側に倒す

前身頃（裏）

②2枚一緒にジグザグミシン

⑤角をカット
④0.7ミシン

前見返し（裏）　後ろ見返し（表）

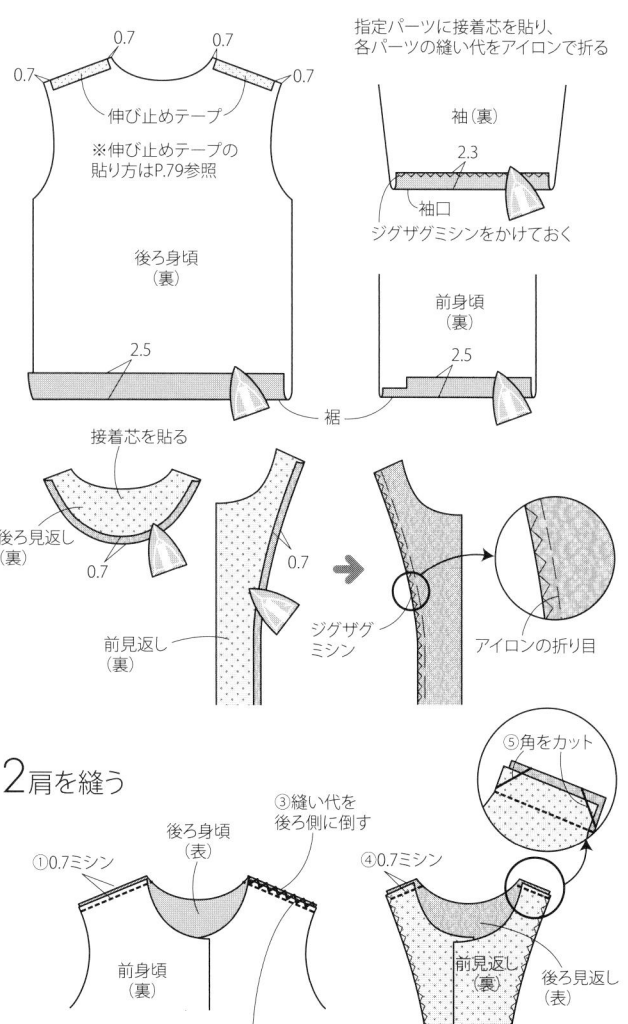

※次ページに続く

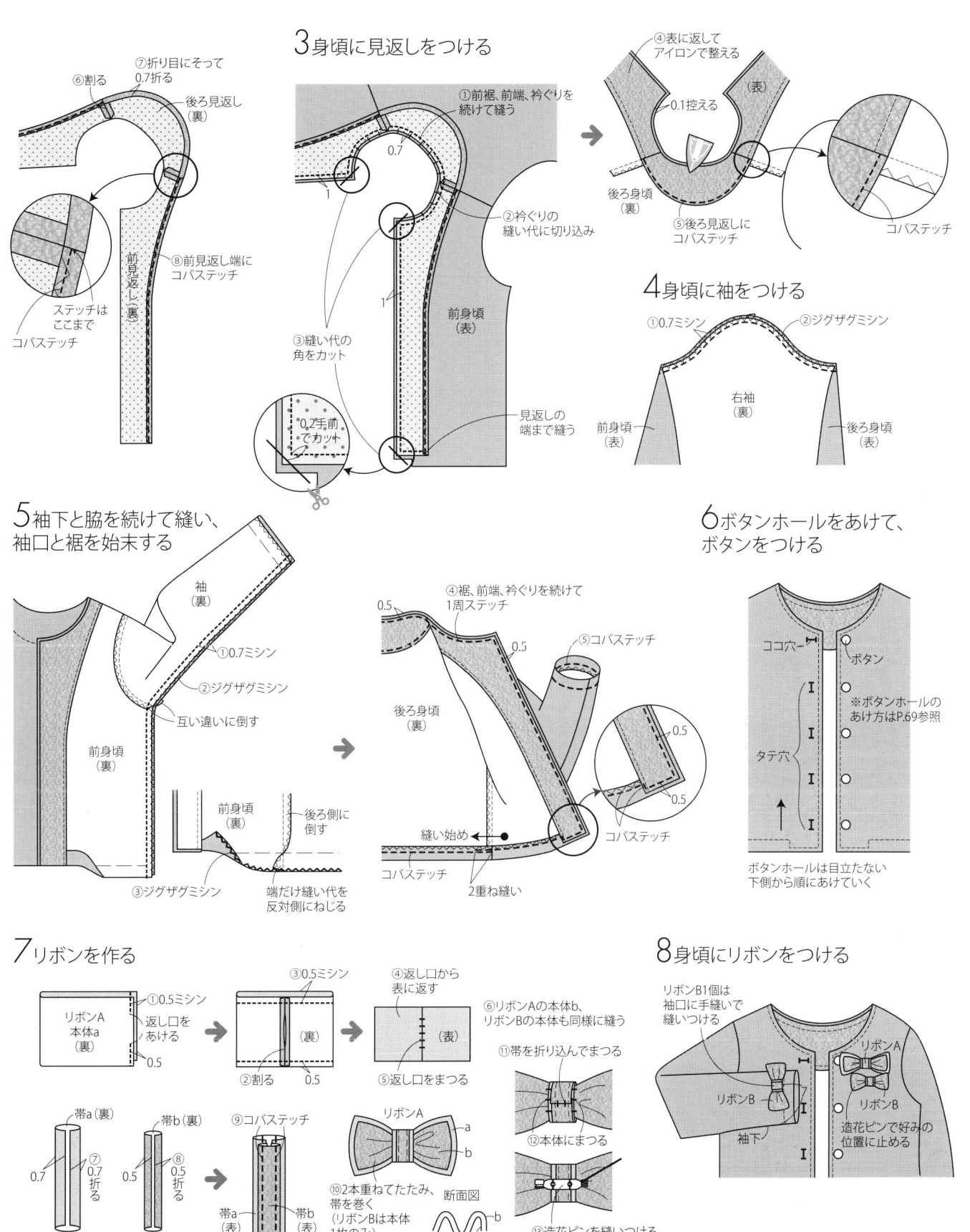

3 身頃に見返しをつける

⑥割る
⑦折り目にそって0.7折る
後ろ見返し(裏)
⑧前見返し端にコバステッチ
前見返し(裏)
ステッチはここまで
コバステッチ

①前裾、前端、衿ぐりを続けて縫う
0.7
1
②衿ぐりの縫い代に切り込み
前身頃(表)
③縫い代の角をカット
1
見返しの端まで縫う
0.2手前でカット

④表に返してアイロンで整える
0.1控える
(表)
後ろ身頃(裏)
⑤後ろ見返しにコバステッチ
コバステッチ

4 身頃に袖をつける

①0.7ミシン
②ジグザグミシン
右袖(裏)
前身頃(表)
後ろ身頃(表)

5 袖下と脇を続けて縫い、袖口と裾を始末する

袖(裏)
①0.7ミシン
②ジグザグミシン
互い違いに倒す
前身頃(裏)
前身頃(裏)
③ジグザグミシン
後ろ側に倒す
端だけ縫い代を反対側にねじる

④裾、前端、衿ぐりを続けて1周ステッチ
0.5
0.5
後ろ身頃(裏)
⑤コバステッチ
0.5
0.5
縫い始め
コバステッチ
2重ね縫い
コバステッチ

6 ボタンホールをあけて、ボタンをつける

ココ穴
タテ穴
ボタン
※ボタンホールのあけ方はP.69参照
ボタンホールは目立たない下側から順にあけていく

7 リボンを作る

①0.5ミシン
リボンA本体a(裏)
返し口をあける
0.5
③0.5ミシン
(裏)
②割る
0.5
④返し口から表に返す
(表)
⑤返し口をまつる

⑥リボンAの本体b、リボンBの本体も同様に縫う

帯a(裏)
0.7
⑦0.7折る
帯b(裏)
0.5
⑧0.5折る
⑨コバステッチ
帯a(表)
帯b(表)

リボンA
a
b
⑩2本重ねてたたみ、帯を巻く(リボンBは本体1枚のみ)
断面図
a
b

⑪帯を折り込んでまつる
⑫本体にまつる
⑬造花ピンを縫いつける(リボンA・B各1個)

8 身頃にリボンをつける

リボンB1個は袖口に手縫いで縫いつける
リボンA
リボンB
リボンB
造花ピンで好みの位置に止める
袖下

リボンバッグ

（P.53）　実物大型紙 A 面

材料

表布（ピンクのカラーリネン）110cm 幅 ×40cm
別布（リバティプリント）40cm×30cm
裏布（綿ブロード）55cm×25cm
接着芯（カブセ・リボン本体・リボン帯・力布）
35cm×20cm
直径 1.2cm マグネットホック…1 組

縫い方順序

1　布を裁断し、縫い代のアイロン処理をする
2　リボンを作る
3　マグネットホックをつける
4　リボンとカブセを本体につけ、脇と底を縫う
5　肩ひもを縫い、表本体と裏本体を縫い
　　合わせる

※指定以外の縫い代は 1cm
※斜線部分は接着芯を貼る

裁ち方図

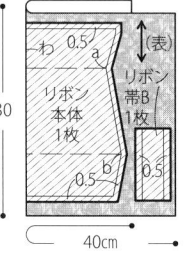
別布

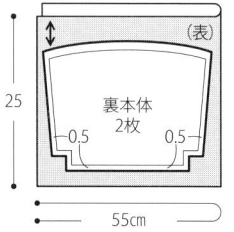
裏布

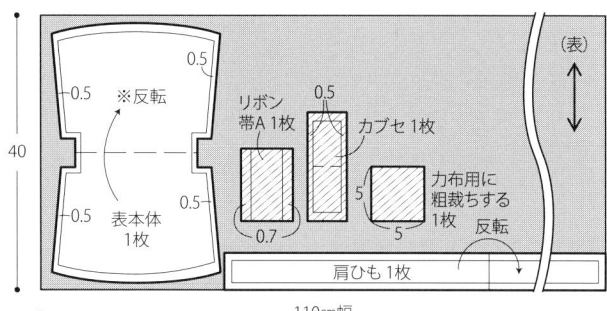
表布

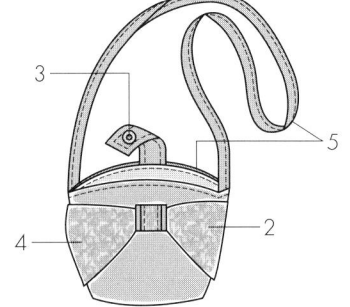

1 布を裁断し、縫い代のアイロン処理をする

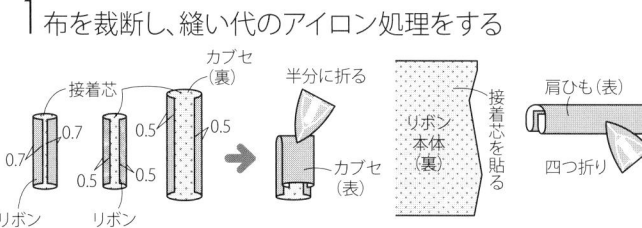

2 リボンを作る

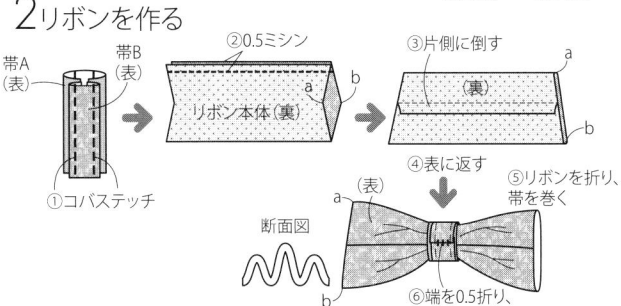

3 マグネットホックをつける

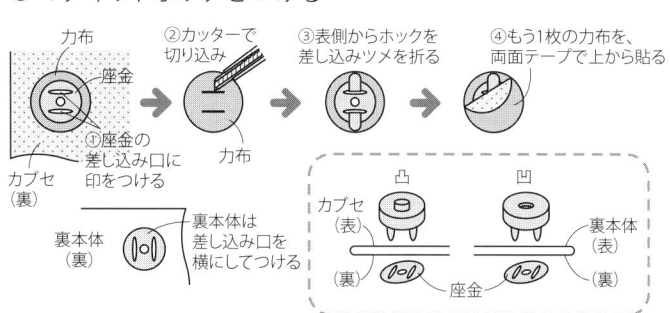

4 リボンとカブセを本体につけ、脇と底を縫う

5 肩ひもを縫い、表本体と裏本体を縫い合わせる

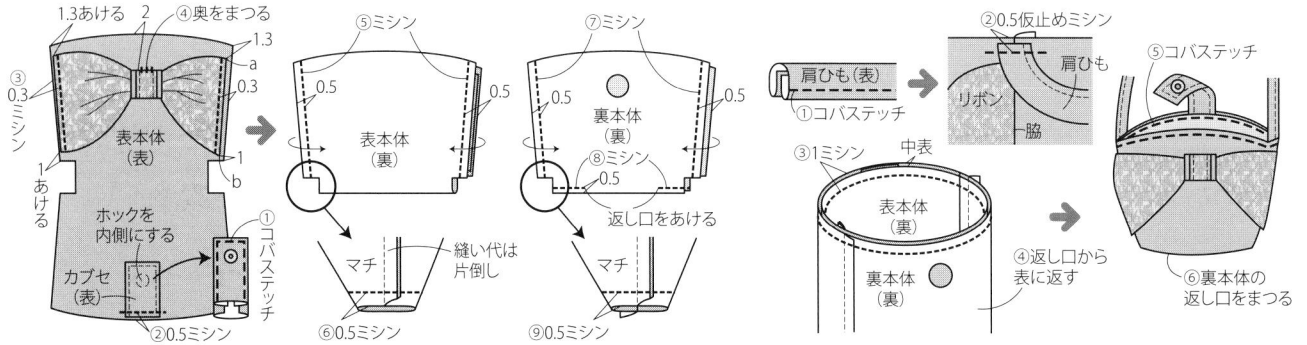

カチューム

（P.48）　実物大型紙B面

材料

表布（リバティプリント）60cm×20cm
別布（カラーリネン）55cm×25cm
接着芯（リボン本体・リボン帯分）25cm×15cm
幅1.5cm 平ゴム…13cm

縫い方順序

1　布を裁断し、縫い代のアイロン処理をする
2　バンドを縫う
3　バンドに後ろひもをつける
4　リボン本体を縫う
5　リボン帯を縫い、バンドにリボンをつける

裁ち方図

※指定以外の縫い代は0.5cm
※斜線部分は接着芯を貼る

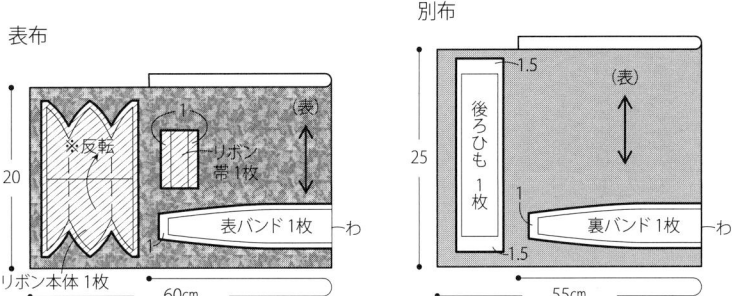

表布

リボン本体1枚　※反転　リボン帯1枚　（表）　20　60cm

別布

後ろひも1枚　1.5　（表）　25　表バンド1枚　わ　裏バンド1枚　わ　1.5　1　55cm

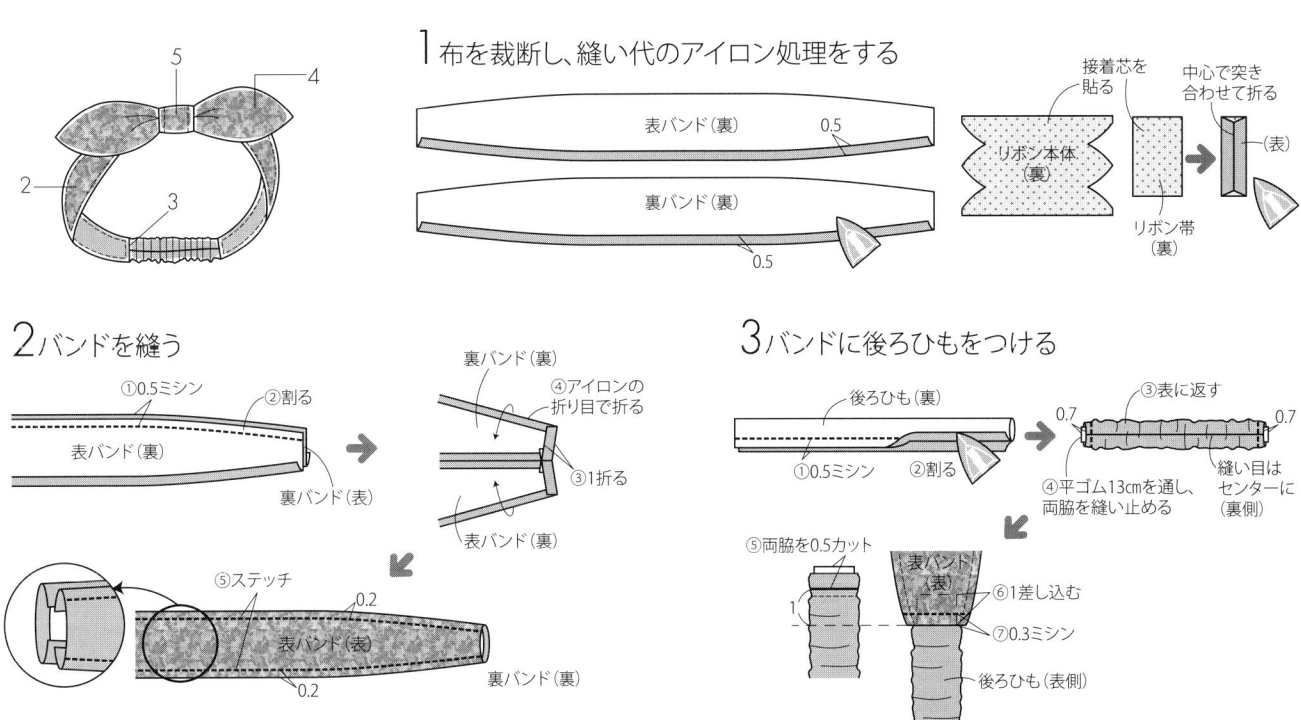

1 布を裁断し、縫い代のアイロン処理をする

表バンド（裏）　0.5
裏バンド（裏）　0.5

接着芯を貼る　リボン本体（裏）　リボン帯（裏）　中心で突き合わせて折る　（表）

2 バンドを縫う

①0.5ミシン　②割る　表バンド（裏）　裏バンド（表）

裏バンド（裏）　④アイロンの折り目で折る　③1折る　表バンド（裏）

⑤ステッチ　0.2　表バンド（表）　0.2　裏バンド（裏）

3 バンドに後ろひもをつける

後ろひも（裏）　①0.5ミシン　②割る

③表に返す　0.7　0.7　④平ゴム13cmを通し、両脇を縫い止める　縫い目はセンターに（裏側）

⑤両脇を0.5カット　1　表バンド（表）　⑥1差し込む　⑦0.3ミシン　後ろひも（表側）

4 リボン本体を縫う

①0.5　返し口をあける　0.5　リボン（裏）

②割る　③0.5　0.5　返し口

④はみ出た縫い代はカット

⑤表に返す　裏側（表）　⑥返し口をまつる

表側（表）　⑦中心を折りたたむ　⑧折り山を縫い止める

断面図　縫い止める

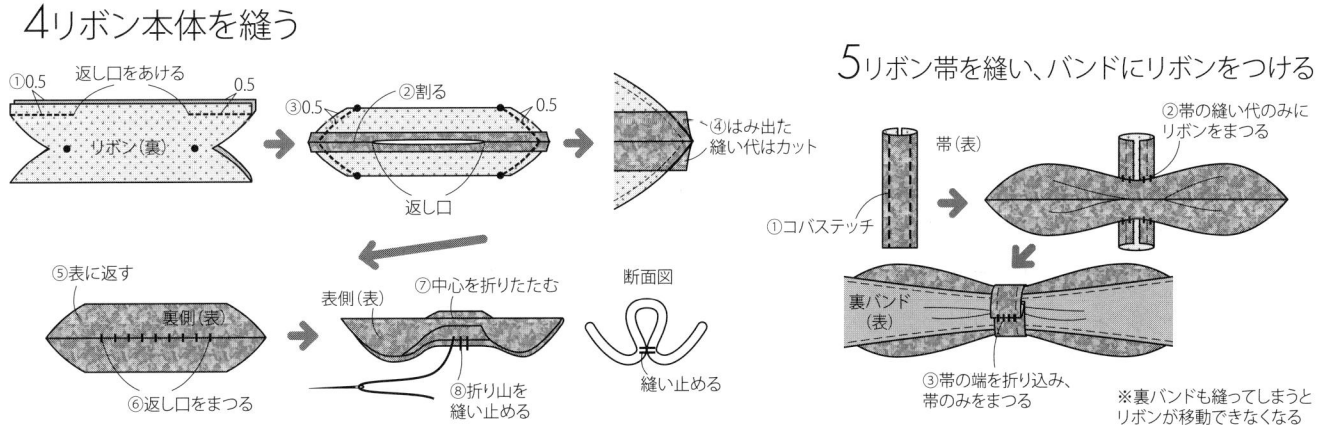

5 リボン帯を縫い、バンドにリボンをつける

帯（表）　①コバステッチ

②帯の縫い代のみにリボンをまつる

裏バンド（表）　③帯の端を折り込み、帯のみをまつる

※裏バンドも縫ってしまうとリボンが移動できなくなる

5　4　2　3

学べる縫い方一覧

ソーイングには様々なテクニックがありますが、より簡単な縫い方、より丈夫になる縫い方はあっても、必ずこの縫い方にしなくてはならないという決まりはありません。
この本では、初心者の方でもできるような難しすぎないテクニックに絞ってご紹介していますので、ぜひ作りながら様々なテクニックを学んでください。

作品名（掲載ページ）

- A：ショートパンツ（018）
- B：ギャザースカート（018）
- C：切替スカート（024）
- D：ティアードスカート（025）
- E·1：クロップドパンツ（030）
- F·1：ハーフパンツ（031）
- E·2：バルーンパンツ（037）
- F·2：ニッカーボッカーズ（036）
- G·1：長袖スモック（042）
- G·2：フリルスモック（043）
- G·3：スモックワンピース（046）
- H·1：カチューム（048）
- H·2：フリルブラウス（048）
- I·1：フリルワンピ（049）
- I·2：ギャザーキャミソール（052）
- J·1：ギャザーチュニック（053）
- J·2：リボンバッグ（053）
- K·1：プルオーバーシャツ（060）
- K·2：切替ブラウス（061）
- K·3：ステンカラーシャツ（064）
- K·4：丸衿ブラウス（065）
- L：フードコート（072）
- M·1：ボートネックTシャツ（082）
- M·2：ボートネックワンピ（083）
- M·3：クロスネックTシャツ（086）
- N·1：ニットハーフパンツ（088）
- N·2：ニットショートパンツ（089）
- O：キッズトレーナー（092）
- P：ボタンカーデ（093）

テクニック	A	B	C	D	E·1	F·1	E·2	F·2	G·1	G·2	G·3	H·1	H·2	I·1	I·2	J·1	J·2	K·1	K·2	K·3	K·4	L	M·1	M·2	M·3	N·1	N·2	O	P
返し縫い	●	●	●	●	●	●	●	●	●	●	●	●	●	●	●	●	●	●	●				●	●	●	●	●		●
コバステッチ	●	●	●	●	●	●	●	●	●	●	●	●	●	●	●	●	●	●	●				●	●	●	●	●		●
ジグザグミシン	●	●	●	●	●	●	●	●	●	●	●	●	●	●	●	●	●	●	●				●	●		●	●		●
ダブルステッチ	●				●	●	●	●															●	●			●		
二つ折りダブルステッチ																						●	●			●	●		
折り伏せ縫い	●	●	●							●			●									●							
袋縫い																						●							
三つ折り端ミシン	●	●	●	●	●	●	●	●		●	●	●	●	●	●	●	●	●											
ニット地の縫製																							●	●	●	●	●	●	
三巻縫い										●		●	●																
柄物の裁断				●																		●		●					
ギャザーの寄せ方		●		●			●					●	●	●				●	●										
ゴム通し口の作り方	●	●	●		●	●	●	●																		●	●		
ウエストダブルゴム仕様	●		●		●	●	●	●																					
耳を利用したウエスト切替					●	●	●	●																					
裏パンツのつけ方								●																					
アウトポケットの作り方	●				●	●	●	●								●		●					●			●	●		
丸底ポケットの作り方									●	●	●							●								●	●		
切替利用ポケットの作り方			●	●																									
脇シームポケットの作り方													●		●														
ポケット口三角縫い									●	●	●												●	●					
スリットあきの作り方														●	●				●	●									
裾スリットあき																		●	●										
涙あきの作り方												●	●																
カフスのつけ方						●														●	●								
裏バイアス始末										●		●	●	●	●							●							
別地見返し仕立て																													●
見返しネック始末												●	●					●	●										
ヨーク切替																		●	●	●	●								
ゴムシャーリング											●																		
ピンタックの作り方												●	●																
衿・フードのつけ方																				●	●	●							
前短冊あきの作り方																		●	●										
シャツ袖のつけ方																		●	●	●	●								
セットインスリーブのつけ方															●							●							
メートラインのつけ方																						●							
コード入りパイピングテープのつけ方																						●							
衿ぐりバインダー処理																									●				
リブ地の縫い合わせ																										●	●	●	
ボタンホールの作り方																		●	●										●
ボタンの付け方														●	●			●											●
ロットボタンのつけ方																						●							
鎖網式糸ループ																●													
マグネットボタンのつけ方																	●												
まつり縫い										●						●	●							●	●				
底マチの縫い方																	●												
裏どんでん返し																	●												
ループ返し（後ろひも）										●																			

ソーイングの基礎用語
索引＆解説

【あ】

■ 合印……………………P10・12
異なるパーツを縫い合わせる時に合わせる印のこと。

■ 衿ぐり
身頃の首まわりの（衿をつける）ライン。ネックライン。

■ いせる
ギャザー寄せと同要領で縫い代を少し縮めて縫い合わせ、ふくらみを出すこと。ギャザーやタックにならないように注意する。

■ 折り伏せ縫い……………P16・20・26
縫い代の始末の方法の一つ。縫い代の1枚を短くカットして、長い方の縫い代で短い方の縫い代をくるんで、ステッチで押さえる。

■ アウトポケット……………P22・35・44・90
身頃やパンツなどの布の上に重ねてつけるポケットのこと。

【か】

■ 片返し（片倒し）……………P14
縫い代を2枚一緒に一方向に倒すこと。

■ 肩線
サイドネックポイントと袖山を結ぶ肩のライン。

■ カフス……………P69
シャツなどの袖口につける別布のこと。パンツの裾につける裾布を裾カフスと呼ぶことも。

■ 着丈
バックネックポイントから裾までの長さ。

■ コバステッチ……………P15・21
縫い代の折山や布端から0.1〜0.2cmのところに入れるミシンステッチのこと。端ミシン。

【さ】

■ サイドネックポイント（SNP）
肩線と衿ぐりラインの交わる点。

■ しつけ
縫いずれなどが心配な部分をあらかじめしつけ糸で手縫いし、仮止めすること。

■ シームポケット………P55
身頃やスカートの脇や切替の縫い目（シーム）を利用して作るポケットのこと。

■ スリットあき・スラッシュあき……………P55・68
身頃や裾、袖口などに切り込みを入れて作るあき口のこと。

■ 袖ぐり（アームホール）
身頃の袖をつけるライン。

■ 袖下
脇から袖口までの袖の下のライン。

■ 袖山
肩線と袖ぐりラインの交わる点。

【た】

■ 手ぐし……………P23
指の腹や爪で布をしごき、簡易的に折り目をつけたり縫い代を倒したりすること。

■ 短冊あき……………P62・102
身頃の前あき部分を短冊状の細長い別布でくるんで仕立てる始末の仕方。

【な】

■ ノッチ……………P10・12
合印と同じ意。ノッチを入れる→はさみで縫い代に0.2〜0.3cmの小さな切り込みを入れる。ノッチが入れられない部分は目打ちやチャコで印をつける。

■ 布目線（地の目線）……………P11
布の織り目のたて地を表す線。型紙の矢印を布のたて地（布の耳と平行）に合わせる。

【は】

■ 袋縫い……………P16・75
縫い代始末の方法の一つで、外表に合わせて縫い代部分を縫い、中表に折り直してでき上がりラインを縫う。縫い代の端が内側に隠れる。

■ 布帛（ふはく）
綿・麻・絹などを素材にたて糸・よこ糸で織られた布地のこと。編み地でできているニット生地とは特に区別して表記したい場合に用いられる呼び方。

■ バックネックポイント（BNP）
後ろ中心と衿ぐりラインが交わる点。

■ ボックスプリーツ……………P10・67
ひだの折山が左右対称になった箱状のプリーツ。

【ま】

■ まつり縫い……………P56・91
裾や袖口の三つ折りを縫い止めたり、見返しの折山を土台となる布に縫い止めたり、返し口をとじる時にも使う手縫いの方法。

■ 三つ折り……………P16
布端を2回折り、布端が見えないように始末する折り方。中でも、完全三つ折りは縫い代をちょうど半分に折りたたむ方法。透ける布の時におすすめ。

■ 股上（股ぐり）
パンツのウエストから股の交点までのライン。前股上が短く、後ろ股上が長い。

■ 股下
パンツの股の交点から裾までのライン。

■ 見返し
衿ぐりや袖ぐりなどの布端を始末するためにつける別布のこと（表からは見えない部分）。前立て始末の際にはこの他に、見返し分を長くとって（裁ち出し）折り返して始末する場合もある。

■ 身頃
シャツやワンピースなどの胴体部分を表すパーツ名。

■ 水通し（地直し）……………P11
洗うと縮む布があるため、あらかじめ布を裁断する前に、水に浸けるか軽く洗って脱水し、生乾きの状態で布目を整えてアイロンをかけておくこと。

■ 持ち出し
肩やスカートなどのボタンあきの部分で、重なり分を余分に出した部分のこと。

【わ】

■ わ……………P10・12・14
布を折りたたんだ時の折山のこと。裁断時には布の折山と型紙の"わ"の印を合わせるのが基本。

■ 脇線
身頃の脇下の交点から裾までのラインのこと。

■ 割る……………P14
縫い代をアイロンで両側に開いて折ること。

片貝夕起 yuuki katagai （ユーカ）

オンライン型紙ショップ パターンレーベル主宰。文化服装学院専攻科を優秀賞を受賞して卒業。アパレル企業でのパタンナー、デザイナーを経て、子育てをしながら2005年に婦人服や子供服のオリジナル型紙を販売するネットショップを立ち上げる。デザインやシルエットの可愛さはもちろん、作りやすさにまでこだわった型紙は定評があり、ファンも多い。1972年生まれ。神奈川県湘南在住。

オンライン型紙ショップ
パターンレーベル Pattern Label
http://www.pattern-label.com

Staff

アートディレクション／成澤 豪（なかよし図工室）
デザイン／成澤宏美（なかよし図工室）
口絵撮影／山本哲也
プロセス・切り抜き撮影／森村友紀、渡辺華奈
スタイリスト／絵内友美
ヘアメイク／岡ひろみ
モデル／サユキ レイン（114cm）
　　　　アオ ミゾウエ（106cm）
実物大型紙トレース・グレーディング／（株）クレイワークス
作り方トレース・型紙編集協力／八文字則子
作り方解説／比護寛子
サンプル製作協力／永渕宏子
編集担当／佐伯瑞代

布地協力

●CHECK & STRIPE
兵庫県神戸市西区長畑町9-13
株式会社 Labro　http://checkandstripe.com/
●株式会社リバティジャパン
東京都中央区銀座1-3-9 マルイト銀座ビル5階
TEL.03-3563-0891 http://liberty-japan.co.jp/
●jack&bean　http://www.jack-b.jp/
●株式会社アルテモンド（インテリア＆ファブリック N5C）
大阪市中央区瓦町2丁目3-2-5F　TEL.06-6231-2243
http://www.rakuten.ne.jp/gold/number5collection/
●ソレイユ　http://www.i-soleil.com/
●中商事株式会社（fabric bird）
香川県高松市福岡町2-24-1　TEL.087-821-1218
http://www.rakuten.ne.jp/gold/fabricbird/
●Nu:Hand Works 自由ヶ丘
東京都目黒区自由が丘1-6-9 フレルウィズ自由が丘3F
TEL.03-6421-4411
http://www.nuhandworks.com/
●プロート　http://www.rakuten.co.jp/pelote/
●Pres-de　http://www.pres-de.com/

撮影・道具協力

■蛇の目ミシン工業株式会社
TEL.0120-026-557（フリーダイヤル）
TEL.042-661-2609
http://www.janome.co.jp/
■クロバー株式会社
大阪府大阪市東成区中道3-15-5
TEL.06-6978-2277（お客様係）
■エーキャンビー・インターナショナル 自由が丘店
（靴／P18、24、30、31、36、46、48、60、61、64、65、72、86、92、93）
東京都世田谷区奥沢5-20-11-2F
TEL.03-6421-3785
■アワビーズ
東京都渋谷区千駄ヶ谷3-50-11-5F
TEL.03-5786-1600

あなたに感謝しております　We are grateful.

手づくりの大好きなあなたが、この本をお選びくださいましてありがとうございます。内容はいかがでしたでしょうか？　本書が少しでもお役に立てば、こんなにうれしいことはありません。日本ヴォーグ社では、手づくりを愛する方とのおつき合いを大切にし、ご要望におこたえする商品、サービスの実現を常に目標としています。小社及び出版物について、何かお気づきの点やご意見がございましたら、何なりとお申し出ください。そういうあなたに私共は常に感謝しております。

株式会社 日本ヴォーグ社　社長 瀬戸信昭
FAX　03-3269-7874

いちばんよくわかる パターンレーベルの子供服ソーイング
LESSON BOOK

発行日／2012年10月7日　第1刷
　　　　2016年3月30日　第11刷
発行人／瀬戸信昭
編集人／森岡圭介
発行所／株式会社 日本ヴォーグ社
〒162-8705　東京都新宿区市谷本村町3-23
TEL　03-5261-5083（編集）　03-5261-5081（販売）
振替／00170-4-9877
出版受注センター　TEL　03-6324-1155　FAX　03-6324-1313
印刷所／凸版印刷株式会社
Printed in Japan　©2012Yuuki Katagai
NV70136　ISBN978-4-529-05076-0　C5077

立ち読みもできるウェブサイト
「日本ヴォーグ社の本」　http://book.nihonvogue.co.jp

日本ヴォーグ社関連情報はこちら
（出版、通信販売、通信講座、スクール・レッスン）
http://www.tezukuritown.com/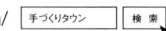